榜样

新时代知识分子

（彩色图解版）

张学森 主编

人民日报出版社

图书在版编目（CIP）数据

新时代知识分子榜样/张学森主编. -- 北京：人民日报出版社，2018.8
ISBN 978-7-5115-5655-4

Ⅰ.①新… Ⅱ.①张… Ⅲ.①知识分子－生平事迹－中国－现代
Ⅳ.① K825.4

中国版本图书馆 CIP 数据核字（2018）第 202233 号

书　　名：	新时代知识分子榜样
主　　编：	张学森
出 版 人：	刘华新
责任编辑：	杨冬絮
封面设计：	金刚创意
出版发行：	人民日报出版社
社　　址：	北京金台西路 2 号
邮政编码：	100733
发行热线：	（010）65369527　65369509　65369512　65369846
邮购热线：	（010）65369530　65363527
编辑热线：	（010）65363105
网　　址：	www.peopledailypress.com
经　　销：	新华书店
印　　刷：	大厂回族自治县彩虹印刷有限公司
开　　本：	710mm×1000mm　1/16
字　　数：	193 千字
印　　张：	14.5
版　　次：	2018 年 9 月第 1 版　2020 年 10 月第 15 次印刷
书　　号：	ISBN 978-7-5115-5655-4
定　　价：	39.80 元

习近平总书记对新时代知识分子说

2018年7月3日至4日

要加快实施人才强国战略,确立人才引领发展的战略地位,努力建设一支矢志爱国奉献、勇于创新创造的优秀人才队伍。

——在全国组织工作会议上的讲话,《人民日报》2018年7月5日第1版

2018年7月3日至4日

要深化人才发展体制机制改革,最大限度把广大人才的报国情怀、奋斗精神、创造活力激发出来。要完善人才培养机制,改进人才评价机制,创新人才流动机制,健全人才激励机制。

——在全国组织工作会议上的讲话,《人民日报》2018年7月5日第1版

2018年7月3日至4日

要实行更加积极、更加开放、更加有效的人才引进政策,聚天下英才而用之。

——在全国组织工作会议上的讲话,《人民日报》2018年7月5日第1版

2018年7月3日至4日

要广泛宣传表彰爱国报国、为党和人民事业作出突出贡献的优秀人才,在知识分子和广大人才中大力弘扬爱国奉献精神。

——在全国组织工作会议上的讲话,《人民日报》2018年7月5日第1版

2017年10月18日

加强党外知识分子工作,做好新的社会阶层人士工作,发挥他们在中国特色社会主义事业中的重要作用。

——在中国共产党第十九次全国代表大会上的报告

2017年3月4日

伟大的事业,决定了我们更加需要知识和知识分子,更加需要知识分子为国家富强、民族振兴、人民幸福多作贡献。我国广大知识分子要以时不我待的紧迫感、舍我其谁的责任感,主动担当,积极作为,刻苦钻研,勤奋工作,为全面建成小康社会、建设世界科技强国作出更大贡献。

——在看望参加政协会议的民进农工党九三学社委员时的讲话,《人民日报》2017年3月5日第1版

2017年3月4日

希望我国广大知识分子积极投身创新发展实践,想国家之所想、急国家之所急,紧紧围绕经济竞争力的核心关键、社会发展的瓶颈制约、国家安全的重大挑战,不断增加知识积累,不断强化创新意识,不断提升创新能力,不断攀登创新高峰。

——在看望参加政协会议的民进农工党九三学社委员时的讲话,《人民日报》2017年3月5日第1版

2017年3月4日

我国广大知识分子是社会的精英、国家的栋梁、人民的骄傲,也是国家的宝贵财富。我国知识分子历来有浓厚的家国情怀,有强烈的社会责任感,重道义、勇担当。一代又一代知识分子为我国革命、建设、改革事业贡献智慧和力量,有的甚至献出宝贵生命,留下了可歌可泣的事迹。

——在看望参加政协会议的民进农工党九三学社委员时的讲话,《人民日报》2017年3月5日第1版

2017年3月4日

希望我国广大知识分子自觉做践行社会主义核心价值观的模范,坚持国家至上、民族至上、人民至上,始终胸怀大局、心有大我,始终坚守正道、追求真理,从自我做起、从现在做起、从日常生活做起,身体力行带动全社会遵循社会主义核心价值观。

——在看望参加政协会议的民进农工党九三学社委员时的讲话,《人民日报》2017年3月5日第1版

2016年5月6日

要加大改革落实工作力度,把《关于深化人才发展体制机制改革的意见》落到实处,加快构建具有全球竞争力的人才制度体系,聚天下英才而用之。

——习近平就深化人才发展体制机制改革作出重要指示,《人民日报》2016年5月7日第1版

2016年5月6日

要着力破除体制机制障碍,向用人主体放权,为人才松绑,让人才创新创造活力充分迸发,使各方面人才各得其所、尽展其长。

——习近平就深化人才发展体制机制改革作出重要指示,《人民日报》2016年5月7日第1版

2016年5月6日

要树立强烈的人才意识,做好团结、引领、服务工作,真诚关心人才、爱护人才、成就人才,激励广大人才为实现"两个一百年"奋斗目标、实现中华民族伟大复兴的中国梦贡献聪明才智。

——习近平就深化人才发展体制机制改革作出重要指示,《人民日报》2016年5月7日第1版

2016年4月26日

一个知识分子，不论在哪个行业、从事什么职业，也不论学历、职称、地位有多高，唯有秉持求真务实精神，才能探究更多未知，才能获得更多真理，也才能为社会作出更大贡献。

——在知识分子、劳动模范、青年代表座谈会上的讲话，《人民日报海外版》2016年4月30日第2版

2016年4月26日

天下为公、担当道义，是广大知识分子应有的情怀。我国知识分子历来有浓厚的家国情怀，有强烈的社会责任感。"修身齐家治国平天下"，"为天地立心、为生民立命、为往圣继绝学、为万世开太平"，"先天下之忧而忧，后天下之乐而乐"，这些思想为一代又一代知识分子所尊崇。

——在知识分子、劳动模范、青年代表座谈会上的讲话，《人民日报海外版》2016年4月30日第2版

2016年4月26日

广大知识分子要坚持国家至上、民族至上、人民至上，始终胸怀大局、心有大我。要坚守正道、追求真理，立足我国国情，放眼观察世界，不妄自菲薄，不人云亦云。要实事求是、客观公允，重实情、看本质、建真言，多为推进党和人民事业发展献计出力。任何时候任何情况下，都不能做有损国家民族尊严、有损知识分子良知的事。

——在知识分子、劳动模范、青年代表座谈会上的讲话，《人民日报海外版》2016年4月30日第2版

2016年4月26日

全面建成小康社会，我国广大知识分子能够提供十分重要的人才支撑、智力支撑、创新支撑。希望我国广大知识分子充分发挥自身优势，勇于担当、敢于创新，服务社会、报效人民，努力作出新的更突出的贡献。

——在知识分子、劳动模范、青年代表座谈会上的讲话，《人民日报海外版》2016年4月30日第2版

2016年4月26日

在我们党领导革命、建设、改革90多年的历程中，广大知识分子为党和人民建立了彪炳史册的功勋。

——在知识分子、劳动模范、青年代表座谈会上的讲话，《人民日报海外版》2016年4月30日第2版

2016年4月26日

广大知识分子要增强创新意识，敢于走前人没有走过的路，敢于抢占国内国际创新制高点。要把握创新特点，遵循创新规律，既奇思妙想、"无中生有"，努力追求原始创新，又兼收并蓄、博采众长，善于进行集成创新和引进消化吸收再创新；既甘于"十年磨一剑"，开展战略性创新攻关，又对接现实需求，及时开展应急性创新攻关；既尊重个人创造，发挥尖兵作用，又注重集体攻关，发挥合作优势。要坚持面向经济社会发展主战场、面向人民群众新需求，让创新成果更多更快造福社会、造福人民。

——在知识分子、劳动模范、青年代表座谈会上的讲话，《人民日报海外版》2016年4月30日第2版

2016年4月26日

要深化科技、教育、文化体制改革,深化人才发展体制改革,加快形成有利于知识分子干事创业的体制机制,放手让广大知识分子把才华和能量充分释放出来。

——在知识分子、劳动模范、青年代表座谈会上的讲话,《人民日报海外版》2016年4月30日第2版

2015年4月28日

我们一定要在全社会大力弘扬劳模精神、劳动精神,大力宣传劳动模范和其他典型的先进事迹,引导广大人民群众树立辛勤劳动、诚实劳动、创造性劳动的理念,让劳动光荣、创造伟大成为铿锵的时代强音,让劳动最光荣、劳动最崇高、劳动最伟大、劳动最美丽蔚然成风。

——《在庆祝"五一"国际劳动节暨表彰全国劳动模范和先进工作者大会上的讲话》,人民出版社2015年版

2014年8月18日

要学会招商引资、招人聚才并举,择天下英才而用之,广泛吸引各类创新人才特别是最缺的人才。

——习近平主持召开中央财经领导小组第七次会议并发表重要讲话,《人民日报》2014年8月19日第1版

2014年5月22日

要实行更加开放的人才政策,不唯地域引进人才,不求所有开发人才,不拘一格用好人才,在大力培养国内创新人才的同时,更加积极主动地引进国外人才特别是高层次人才,热忱欢迎外国专家和优秀人才以各种方式参与中国现代化建设。要积极营造尊重、关心、支持外国人才创新创业的良好氛围,对他们充分信任、放手使用,让各类人才各得其所,让各路高贤大展其长。

——习近平在上海召开外国专家座谈会并发表重要讲话,《人民日报》2014年5月24日第1版

2013年9月30日

着力完善人才发展机制。要用好用活人才,建立更为灵活的人才管理机制,打通人才流动、使用、发挥作用中的体制机制障碍,最大限度支持和帮助科技人员创新创业。

——习近平主持中共中央政治局第九次集体学习并发表重要讲话,《人民日报》2013年10月2日第4版

2013年6月28日

要树立强烈的人才意识,寻觅人才求贤若渴,发现人才如获至宝,举荐人才不拘一格,使用人才各尽其能。

——在全国组织工作会议上的讲话,《人民日报》2013年6月30日第1版

前言 | PREFACE

日前,中共中央组织部、中共中央宣传部印发《关于在广大知识分子中深入开展"弘扬爱国奋斗精神、建功立业新时代"活动的通知》,这是在决胜全面建成小康社会、夺取新时代中国特色社会主义伟大胜利的重要关头,对中国知识分子群体发出的集结号和动员令。每一个有良知、有情怀、有温度、有担当的知识分子,都应该积极行动起来,以时不我待的紧迫感、舍我其谁的责任感,主动担当,积极作为,刻苦钻研,勤奋工作,在爱国奉献中书写精彩人生,为实现中华民族伟大复兴的中国梦贡献自己的力量。

伟大事业,决定了我们更加需要知识和知识分子,更加需要知识分子为国家富强、民族振兴、人民幸福多作贡献。中国知识分子历来有浓厚的家国情怀,有强烈的社会责任感。"修身齐家治国平天下""为天地立心、为生民立命、为往圣继绝学、为万世开太平",是中国一代又一代知识分子所尊崇的价值理想和行为规范。中国特色社会主义伟大事业,是改革开放以来党的全部理论和实践的主题,是实现社会主义现代化、创造人民美好生活的必由之路,更是一项前无古人、光耀千秋、恩泽万代的开创性事业,迫切需要广大知识分子充分发挥自己的聪明才智,计利当计天下利、筹谋应为人民谋,把个人理想追求融入国家富强、民族振兴、人民幸福的历史伟业之中,并在这一历史伟业之中结出丰硕的个人成功之果。只有这样,当我们在回忆往事的时候,才能够像英雄保尔那样,不因虚度年华而悔恨，也不因碌碌无为而羞愧。

新的时代，更加需要知识分子干在实处、走在前列，发扬"先天下之忧而忧，后天下之乐而乐"的精神，把中国特色社会主义事业全面推向前进。党的十九大报告在分析我国取得的历史性成就的基础上，作出中国特色社会主义进入新时代的重大战略判断。中国特色社会主义进入新时代，不仅意味着中华民族迎来了从站起来、富起来到强起来的伟大飞跃，科学社会主义在二十一世纪的中国焕发出强大生机活力，中国特色社会主义拓展了发展中国家走向现代化的途径，而且也意味着我国社会的主要矛盾转化为人民日益增长的美好生活需要和不平衡不充分的发展之间的矛盾，意味着改革进入深水区、开放面临新格局、发展遇到新挑战、工作提出了新要求。如何在继续推动发展的基础上，着力解决好发展不平衡不充分的问题，着力解决好全面深化改革的问题，着力解决好进一步扩大开放的问题，是新时代给我们这一代人出的新考卷。知识分子是社会的"良心"，更是社会的"大脑"，应该在这场新时代的考卷上书写出属于知识分子的最精彩的答案。这就要求广大知识分子，要勇于秉持求真务实精神，敢于走前人没有走过的路，善于抢占国内国际创新制高点，从中国发展面临的国内外形势和实际情况出发，紧紧围绕经济竞争力的核心关键、社会发展的瓶颈制约、国家安全的重大挑战，不断增强攻克改革难题、拓展开放新局、化解发展挑战的能力和水平，用知识分子的"铁肩"担起中华民族腾飞的希冀！

中国特色社会主义伟大事业，需要知识分子；中国特色社会主义新时代，更加迫切呼唤知识分子。时代的需要，是个人成长和事业成功最大的基石。知识分子现在唯一需要做的是，把个人理想和中国特色社会主义伟大事业融合在一起，坚持面向经济社会发展主战场、面向人民群众新需求的学术价值取向，把个人奋斗汇入国家富强、民族振兴、人民幸福的历史潮流之中。这样，作为一滴水，你就可以体验到海浪的翻腾与咆哮；作为一粒沙，你就可以体验到沙漠的浩瀚与壮美！否则，作为一滴水，你最有意义的存在，也许就是挂在思念之眼下的一颗泪；作为一粒沙，你最大得意之事，也许就是受风的指使，迷惑一下前行者眼睛！

知识分子应该有知识分子的样子！这个样子，就是习近平总书记高度赞扬以钱学森、邓稼先、郭永怀等"两弹一星"元勋和西安交通大学"西迁人"为代表的老一辈知识分子"党让我们去哪里，我们背上行囊就去哪里""始终与党和国家的发展同向同行"的家国情怀和奉献精神，就是以黄大年、李保国、南仁东、钟扬等为代表的新时代优秀知识分子"心有大我、至诚报国"的感人事迹和爱国情怀。有感于此，我们把这些新中国优秀知识分子或知识分子群体的先进事迹，以"弘扬爱国奋斗精神、建功立业新时代"活动为主线，编纂成书，旨在为新时代中国知识分子树立一面镜子，方便他们正一正衣冠、弹一弹轻尘，从榜样身上汲取不懈奋斗的力量，然后坚定地前行。

张学森

2018年8月于中共中央党校（国家行政学院）数图楼

目录 CONTENTS

中国航天事业奠基人——钱学森

一、祖国，我要为您的复兴而效劳 / 3

二、为祖国需要攻关，为人民需要探索 / 10

三、选择了马克思主义，选择了共产主义理想 / 15

四、结语 / 22

"两弹元勋"——邓稼先

一、一生的价值就是为国家 / 29

二、隐姓埋名的无私坚守 / 34

三、"假如生命终结后可以再生，我仍选择中国" / 41

四、结语 / 45

以身许国的科学家——郭永怀

一、要自己有骨气 / 49

二、异国他乡扬名 / 51

三、雄心壮志展宏图 / 53

四、结语 / 60

到祖国最需要的地方去——"西迁人"

一、党让我们去哪里，我们背上行囊就去哪里 / 66

二、哪里有事业，哪里有爱，哪里就是家 / 77

三、始终与党和国家的发展同向同行 / 84

四、结语 / 87

振兴中华乃我辈之责——黄大年

一、奉献是一种心系祖国的坚定信念 / 96

二、奉献是一种使命落肩的责任担当 / 99

三、奉献是一种忘却小我、成就大我的精神品格 / 108

四、结语 / 112

太行山上的新愚公——李保国

一、共产党人的楷模 / 120

二、知识分子的优秀代表 / 127

三、太行山上的新愚公 / 136

四、结语 / 142

"中国天眼"之父——南仁东

一、人活着还是要做一点事 / 153

二、筑梦人南仁东 / 162

三、我终于看见了你,而你却再看不见我 / 166

四、后记 / 171

扎根西藏的植物学家——钟扬

一、散发诗人气质的"天才少年" / 178

二、"另辟蹊径"的植物学"门外汉" / 181

三、植物学界的乔·辛普森 / 184

四、世界"最高学府"里的"布道者" / 188

五、科普王国里"孩子王" / 192

六、结语 / 194

附录

中共中央组织部　中共中央宣传部关于在广大知识分子中深入开展"弘扬爱国奋斗精神、建功立业新时代"活动的通知 / 200

中组部中宣部印发通知　在广大知识分子中深入开展"弘扬爱国奋斗精神、建功立业新时代"活动 / 205

在爱国奉献中书写精彩人生 / 207

后记 / 213

中国航天事业奠基人

钱学森

在新中国成立后归国知识分子中评选一位最杰出的典范，若选钱学森，恐怕无人能出其右。他是享誉海内外的"科学巨星"，36岁便成为麻省理工学院最年轻的终身教授，美国人称他"可以抵得上三到五个师的兵力"；他开创了航天和"两弹一星"伟业，被誉为"中国航天之父""中国导弹之父""火箭之王""中国自动化控制之父"。五年归国路，十年两弹成，他不畏艰险，为祖国强盛和人民幸福鞠躬尽瘁、死而后已。他又是一位卓越的知识分子，精音乐、擅画工，关心农业、教育，到了晚年，他还提出了著名的"钱学森之问"，他的非凡成就和人格魅力在我国历史上留下了璀璨的光芒。伟哉钱学森，立丰功伟业担民族脊梁；大哉钱学森，任世事变迁不移报国志！

一、祖国，我要为您的复兴而效劳

钱学森 1911 年 12 月 11 日出生于上海，那正是国家积贫积弱，备受凌辱的年代。钱学森成长的年代，更是伴随着军阀混战，社会动荡，新旧思想交锋。困境和灾难催人觉醒，国内仁人志士为救国图存上下求索。这促使钱学森在成长中思考着，很早便有了"立志成才，报效祖国"的觉悟。

1. 帮其学，莫如立其志

筠抱显于髫龄，兰芳凝于屺齿。钱学森出身书香门第，久受传统文化熏陶，铸就了浓烈的家国情怀。其父钱均夫（家治）是一名开明人士，为求救国之道，曾留学日本，后效力南京国民政府教育部门。钱均夫家教严格，懂得"帮其学，莫如立其志"。在钱学森幼年时，父亲就教导他：要树立好好读书，贡献社会的远大志向。钱均夫一方面让他学理科，同时又送他学习绘画和音乐。这种培养理念，使钱学森自小就在"科学与艺术"结合的氛围中成长。其母章兰娟是位受过良好教育的大家闺秀，淳朴而善良，母亲的慈爱之心给了钱学森深远的和连绵不断的影响。

钱学森三岁随父母到北京，就读的是当时最好的小学和中学：国立北京女子师范学校附小、北京师范大学附小和附中。在良好的家庭熏陶下，钱学森自小就显示出"学霸"的潜质，他的朋友张维这样回忆道，"尽管年纪还小，但他做事已经习惯于周密思索……"钱学森在读中学时，进步知识分子逐渐认识到启蒙新民、教育救国的重要性，全人格教育的思想兴起。当时北京师范大学附中的林砺儒校长将这一教育理念引入学校，并进一步发展。其精髓浓缩于"诚、爱、勤、勇"的校训中。当时学校很多老师是地下党员，思想进步。他的老师"常常用较长时间讨论时事，批判北洋军阀政府的腐败无能"。这些教育使钱学森能够关心社会，关注祖国和人民的遭遇。他后来说："当年我们在附中上学，都感到民族、国家的存亡问题压在心头，老师们、同学们都在思考这个问题。在这样的气氛下，我们努力学习，为了振兴中华"[1]，"我能为国家为人民做点事，也是与中小学老师的教育分不开的。"[2]

自小"优越"的生活、教育环境，为钱学森提供的不只是衣食上的富足，还有精神世界的充盈、视野上的开阔，也在他心中埋下了"立志成才，报效祖国"的种子，当时他并不知道，对这八个字的坚守，铸就了其坎坷

---

[1] 钱学森：《回忆母校师大附中》，人民教育出版社2000年版，第138页。
[2] 王寿云：《国家杰出贡献科学家——钱学森》，《人民教育》1992年第1期。

而功勋卓著的一生。

2. 从"交通救国"到"航空救国"

中学时的钱学森，受孙中山提出的《建国方略》影响，认识到，要振兴国家，发展交通，必须要改变中国铁路大部分由外国人铺设的现状，中国要有自己的交通和铁路人才。于是，在1929年7月，高中毕业选报大学志愿时，钱学森做出了人生的第一次选择：要学铁道工程，给中国造铁路。他报考了当时全国最好的大学——交通大学机械工程学院，学铁道机械工程专业，当时叫铁道门。① 当钱学森"抱着振兴祖国的决心"决定为改变旧中国积贫积弱的面貌尽一己之力，走交通救国、技术强国之路时，冥冥之中，他已经将自己的人生选择和国家的命运紧紧结合在一起，再也无法分开。

以总分第三名成绩考入交通大学的钱学森，大学期间成绩一如既往地优秀。如不出意外，毕业后他将会谋得一份体面的工作，施展其交通救国的抱负。1932年一·二八事变爆发，中国领空控制权丧失，面对着日军狂轰滥炸的飞机，面对着同胞被屠戮的惨烈景象，血的教训让钱学森意识到强大的航空工业对于一个国家的重要性。面对国之患、时之需，他毅然放弃了当时自己所学的"热门"专业，决定改学"冷门"专业——航空工程，当时的他心里只有一个念头：要学习能打下日本飞机的本事。

钱学森从来都是一个务实的行动派和实干家，志向从"交通救国"转向"航空救国"之后，他选修了《航空工程》等课程，并将校区图书馆里所有的航空方面的书都读完。仅在1933—1935年间，他就先后发表了《美国大飞船失事及美国建筑飞船的原因》《最近飞机炮之发展》《火

---

① 钱永刚：《钱学森人生的五次选择》，《科技日报》2015年5月5日。

箭》《气船与飞机之比较及气船将来发展之途径》等多篇航空、火箭方面的论文。[①] 彼时彼刻，他个人的梦想与国家、民族的未来和命运更加紧密地联系在了一起。他曾在《火箭》一文中感慨："我们真的如此可怜吗？不，绝不！我们必须征服宇宙。"[②] 多年以后，当中国的火箭升空时，他是否还能记起当年自己决心要征服宇宙的"豪言壮语"？当听到从人造卫星上转播过来的嘹亮的《东方红》乐曲时，他是否为当初的选择而倍感欣慰？

3. 我的事业在中国，我的成就在中国，我的归宿在中国

在国家和民族大义面前，以钱学森为代表的无数爱国人士将"小我"融于"大我"，撑起国家的脊梁，筑起爱国主义的丰碑。他们不会忘记自己是中国人的身份，哪怕积贫积弱、内忧外患的中国已经不能为他们提供庇护和倚仗；钱学森明白，要实现自己的科学梦想，必先使这个国家强大。爱国不是空洞的词语，而必须是实实在在的科学研究。身负强国之责的他毅然决定远赴重洋求学。在当时，只有最优秀的应考者才能获得清华大学留美公费生的资格。民国二十三年（1934年）夏，钱学森参加了选拔考试，当年只招20名留美公费生，"航空门（机架组）"名额只有一个，而来自全国各地参加考试的大学毕业生都是各校的尖子，竞争激烈程度可想而知。最终钱学森以航空专业第一名的成绩被录取，开始涉足航空工程领域。1935年8月20日，经过在国内飞机修理厂一年的见习期，钱学森胸怀"航空强国"的远大抱负，乘坐"杰克逊总统号"邮轮，从上海出发，踏上了赴美求学的征程。

---

① 参见《大成政纸堆》数据库，访问时间：2018年8月25日。
② 钱学森：《火箭》，《浙江青年》1935年第1卷第9期。

（1）你们谁敢和我比

初到美国的钱学森处处受人歧视，对此他感到非常气愤，于是下决心奋发学习，一定要为中国人争口气，一定要用自己的才智在外国同学面前证明中国人不可小觑。面对一位美国同学的公然挑衅，他愤然回击：中国作为一个国家，是比美国落后；但作为个人，你们谁敢和我比，到学期末看谁的成绩好！① 美国学生不敢答话。因为他实在不敢挑战这个能轻而易举解答出让他们头疼的力学题，在大部分同学都不及格的考试中，能够上交没有任何错误和涂改痕迹的试卷的中国学生。在"学好本领，报效祖国"的坚定信念支撑下，钱学森刻苦学习，潜心研攻，仅用一年时间即获得麻省理工学院飞机机械工程硕士学位。

在学习过程中，他意识到当时航空工程学习偏实践经验，缺乏理论指导。若有科学理论指导，航空研究必然能事半功倍。由此，钱学森决定转做航空理论方面的研究。当时美国的航空理论研究中心，在洛杉矶的加州理工学院，冯·卡门是业界权威。主意一定，钱学森主动上门拜访冯·卡门，经过口试，被录取为应用力学专业的博士研究生。1936年10月，钱学森转学到了加州理工学院攻读博士学位。1939年获航空、数学博士学位。

他始终没有忘记自己的留美初心："要把最先进的科学技术学到手，而且要证明我们中国人是可以赛过美国人，达到科学技术的高峰。"② 科学报国的雄心壮志，扎实的智力积淀，孜孜不倦的探索精神铸就了钱学森年轻时期的"学术辉煌"，为世界科学事业的发展作出了很多开创性贡献。1939年，年仅28岁的钱学森与导师冯·卡门共同完成的高速空气动力学问题研究课题并创立"卡门—钱学森"公式，一举成名。他凭借《关于薄

---

① 《人民科学家钱学森》，《人民日报·海外版》2001年9月25日。

② 刘延东：《继承和发扬钱学森崇高精神　推进科技和教育事业科学发展》，《求是》2012年第2期。

壳体稳定性的研究》一文，跻身航空技术工程理论界知名专家行列；此外，他还提出火箭与航空领域中的若干重要概念、超前设想和科学预见，开创了工程控制论、物理力学两门新兴学科，奠定了他在力学和喷气推进领域的翘楚地位。1947年2月，年仅36岁的钱学森就成为麻省理工学院正教授，并成为该校最年轻的终身教授。

（2）遥远的祖国才是永远的家园

从1935年到1955年，钱学森在美国整整居住了20年。这期间，他功成名就，地位显赫。但钱学森始终眷恋着生他养他的祖国，"美国只是他人生的一个驿站，遥远的祖国才是他永远的家园。"① 故园渺何处，归思方悠哉。他一直保留着中国国籍，时刻准备回国效智效力。他曾说：

在美国，一个人一参加工作，总要把他的一部分收入存入保险公司，以备晚年退休之后用。在美国期间，有人好几次问我存了保险金没有，我说一块美元也不存，他们听了感到奇怪。其实没什么奇怪的，因为我是中国人，根本不打算在美国住一辈子。②

1949年10月1日，新中国的成立使客居美国的钱学森心潮澎湃，他向夫人蒋英说："祖国已经解放，我们该回去。人民中国才是我永远的家。"③ 他即先后辞去各种要职，毅然决定回国。1987年，钱学森在访问英国时对当地的中国留学生谈及为什么要走回归祖国这条道路时，掷地有声地说：

我认为道理很简单——鸦片战争近百年来，国人强国梦不息，抗争不

---

① 史继：《中国导弹之父——钱学森》，《党员干部之友》2002年第1期。
② 《一切成就归于党归于集体》，《人民日报》1989年8月8日。
③ 王建柱：《人民科学家的楷模钱学森》，《党史纵横》2012年第1期。

断。革命先烈为兴邦，为了炎黄子孙的强国梦，献出了宝贵的生命，血沃中华热土。我个人作为炎黄子孙的一员，只能追随先烈的足迹，在千万般艰险中，探索追求，不顾及其他。再看看共和国的缔造者和建设者们，在百废待兴的贫瘠土地上，顶住国内的贫穷，国外的封锁，经过多少个风风雨雨的春秋，让一个社会主义新中国屹立于世界东方。想到这些，还有什么个人利益不能丢呢？①

但对于美国军方来说，钱学森知道的太多了：钱学森不但赴德国考察过导弹研制资料，还参与了美国军方火箭研制项目，参与撰写美国空军发展规划。钱学森回国的决定让当时的美国海军次长金贝尔异常惊慌，并极力阻挠，因为钱学森"在任何情况下都抵得上3至5个师的兵力"。钱学森的归国之路注定充满坎坷。1950年，当他提出要回到新中国时，无端的刁难接踵而至，美国政府不但决定取消钱学森参加机密研究的资格，并指控钱学森是美共党员，非法入境，同时又不允许其出境。他被监视居住、经常性地审讯、限制自由，甚至 度陷入囹圄。长达五年的"折磨"并未使钱学森屈服，反而使其赤子之心更加沸腾。美国联邦调查局已公开的档案曾这样记载一次审讯情况：在经过多次正面审讯，钱学森均不承认自己是共产党员以后，检察官想转着弯地引钱学森上钩。他在一连串的例行提问以后，突然问钱学森忠于什么国家的政府。钱学森略作思考，回答说："我是中国人，当然忠于中国人民。所以我忠心对于中国人民有好处的政府，敌视对中国人民有害的任何政府。"检察官追问："你说的'中国人民'是什么意思？"钱学森答："四亿五千万中国人。"② 钱学森发自肺腑的回答，

---

① 魏根发、杜莉：《两弹一星功勋科学家钱学森》，河北少年儿童出版社2001年版，第421—422页。

② 涂元季：《作为一名共产党员的钱学森》，《人民日报》2005年6月2日。

不仅是用自己随机应变的机智勇敢对诬陷的驳斥,更是面对美国的强权压力,表明个人政治立场的正式声明。他渴望为国效力,面对强权,毫不畏惧地坚定自己的政治立场,坚持归国的意志不动摇。

钱学森归心似箭,急于报国的赤子之心令人肃然起敬。他意识到,再也不能坐以待毙。1955年6月的一天,经过周密的计划,他与蒋英佯装逛街巧妙地避开了特务的盯梢,以香烟盒代替纸,用中文写一封信。信中写道:"无一日、一时、一刻不思归国参加伟大的建设高潮……心急如火,唯恐错过机会。……阻碍归国的禁令已于4日被取消,然我仍身陷囹圄,还乡报国之梦难圆,省亲探友之愿难偿,戚戚然久之……恳请祖国助我……"钱学森的这封短信几经辗转,终于送到了陈叔通老人的手中。老人在读完了求援信后,迅速将这封短信转呈给了周总理。

在钱学森的不懈抗争和中国政府的严正交涉下,1955年9月17日,历尽艰辛的钱学森一家终于踏上归程。在回国的邮轮上,钱学森无比激动地说:"今后我将竭尽努力,和中国人民一道建设自己的国家,使我的同胞能过上有尊严的幸福生活。"[①] 面对美联社记者的提问,钱学森深情地说:"我是大唐的后代,我的一腔热血只图报国。我的根在中国。"[②] 踏入祖国的那一刻,他在心底深情呢喃:"终于回来了!"

二、为祖国需要攻关,为人民需要探索

"以身许国,何事不敢为"的强国志、报国情奠定了钱学森科学精神

---

① 姜泓冰:《竭尽努力建设自己的国家》,《人民日报》2011年12月12日。
② 缪俊杰:《走近钱学森》,《人民日报》1998年4月24日。

的基石；为钱学森投身国家建设事业、勇攀高峰提供了不竭动力，亦成就了其不朽的功勋。爱国从来都是实践的、具体的。

1. 有什么不能的？

20世纪50年代的国际环境下，我国军事、科技实力的提升不仅是一个技术问题，更是一个社会主义中国的建设问题和政治问题。面对敌人的军事威胁尤其是核威慑，只有也造出自己的"两弹"、发射自己的卫星，才能不受制于人，才能为国家建设争取相对和平的国际空间。邓小平同志曾语重心长地说："如果六十年代以来中国没有原子弹、氢弹，没有发射卫星，中国就不能叫有重要影响的大国，就没有现在这样的国际地位。"

1955年11月在中国人民解放军军事工程学院考察时，陈赓问钱学森："钱先生，你看我们中国人能不能搞导弹？"钱学森回答："有什么不能的？外国人能造出来的，我们中国人同样能造出来。难道中国人比外国人矮一截不成？"陈赓听罢，笑道："钱先生，我就要您的这句话。"就是这样一番谈话，开启了我国"导弹之路"，也开启了钱学森研制导弹、火箭的漫漫长路。在钱学森心中，国家的需要永远是第一位的，哪怕这项任务让他不得不从学术理论研究转向大型科研工程建设。钱学森晚年曾经跟他的秘书说：我实际上比较擅长做学术理论研究，工程上的事不是很懂，但是国家叫我干，我当时也是天不怕地不怕，没有想那么多就答应了。做起来以后才发现原来做这个事困难这么多，需要付出那么大的精力，而且受国力所限只给这么一点钱，所以压力非常大。[①]

在物资、人员极度匮乏的情况下，我们开始只能借助苏联支持，从仿制做起。1960年，中苏关系严重恶化，苏联"老大哥"单方面撤走了全部

[①] 钱永刚：《钱学森人生的五次选择》，《科技日报》2015年5月5日。

援华专家，撕毁了包括应由苏方提供的原子弹、火箭、导弹样品合同等在内的全部科技合同。面对困难复杂的形势，负责这项工作的聂荣臻元帅根据中央的指示提出：一定要争口气，依靠我们自己的力量，自力更生，立足国内，无论如何要把导弹搞出来！①

国家的需要，便是战斗的号角！满腔的爱国热情转化为夜以继日的忘我工作。1955年11月，整整一个月，他都在东北考察的路上：参观、访问、演讲……一刻都不停歇。3个月后，他担任了新成立的中国科学院力学研究所的所长。力学研究所三楼的所长办公室入夜总是灯火通明，星期日到所办公或开会也是常事。在旁人看来，钱学森真像一盘绷紧的发条，永不停息在运转着，几十年如一日。②为了集思广益，无论多忙，每个星期天下午，钱学森总要把几位总设计师请到家里，共同探讨重大技术问题。钱学森诚恳地说，大家提的建议如果办成了，功劳是大家的；失败了，责任由我承担。这番话让大家几十年都念念不忘。"为了把失误尽一切可能消灭在地面，钱学森的工作做到了不能再细的地步。他在基地一呆就是一两个月，大事小事亲自过问。他身边一直带着一本《工作手册》，上面详细记录了每次试验的具体情况。大大小小的异常、故障被列成表格，已经解决的注上'已换'、'可用'，尚未解决、落实的，他就用红笔作个星号。"③他把自己的全部热情、智慧和耐心贡献给了我国的国防建设事业。

1965年，他向中央建议研制发射人造卫星的时机已经成熟，并于1968年兼任空间技术研究院首任院长。1970年4月，"东方红一号"卫星成功发射升空，新中国终于迎来了航天时代的黎明，举国欢庆。钱学森却在总结会上对大家说："我愧对大家了，中国的人造卫星应该是世界上第三个国

---

① 《人民科学家钱学森》，《人民日报·海外版》2001年9月25日。
② 李毓昌：《非凡的智慧人生——我所知道的钱学森》，《百年潮》2011年第5期。
③ 《人民科学家钱学森》，《人民日报·海外版》2001年9月25日。

家,现在排在了第五,落在了日本之后。"人们没有想到:把中国第一颗卫星送上太空的大功臣,竟然在万众欢腾的时候"作检讨"。钱学森思考的永远是,如何做得更好、做得更多的问题。所以虽然实至名归,但他一直反对别人称他"导弹之父""航天之父"。

2. 锐意创新,敢为人先

以钱学森为代表的一代知识分子,学贯中西,有着踏实务实、不达目的不罢休的谨慎坚守,又有着锐意创新、高瞻远瞩的远见卓识。在极其艰苦的条件下,为我国社会主义建设的多个领域作出了里程碑式的贡献。邓小平同志曾深刻指出:"大家要记住那个年代,钱学森、李四光、钱三强那一批老科学家,在那么困难的条件下,把两弹一星和好多高科技搞起来。"[①]

1956年,我国制定《1956至1967年科学技术发展远景规划纲要》(简称"12年科学规划")时。面对发展重点的争议,钱学森力主发展导弹,使我国的军事科技实力有了跻身"世界先进"行列的可能。1964年他正式向国家提出的建议促成了我国第一颗人造卫星工程的启动,从此开创了我国发展外太空领域的科技时代。直到钱学森去世每次我国神舟系列飞船发射后,航天界有一个不成文的"规矩",航天员都会上门去看望钱学森。"对于新一代航天员来说,在任务胜利完成后能够去看望中国航天的元老钱学森,已经成了一种惯例甚至仪式"。

20世纪50年代末期,受苏联科学院一位专家的启发,钱学森预见到"许多复杂的工作可以用计算机模拟",极力主张加快研发。从核爆炸、热核反应过程乃至化学工程处处可见数字模拟的身影,可见其见解的超

[①] 刘延东:《继承和发扬钱学森崇高精神 推进科技和教育事业科学发展》,《求是》2012年第2期。

前。①1985年，他向中央领导建议，信息、通信、计算机也是国民经济的基础，必须大力发展……他开创了系统学，并在论著《创建系统学》中，将目标瞄准新中国成立100周年时的2049年。

3. 鞠躬尽瘁　居安思危

钱学森以时不我待的紧迫感、舍我其谁的责任感，晚年关心着国家的建设和发展。他常感叹："自己对祖国人民做得太少，而人民给予我的太多了。"从行政领导岗位退下来后，钱学森退而不休，在诸多领域进行了不懈的探索。这是一位老科学家对祖国、对人民热爱之情的独特表达，在这份深情的感召下，钱学森把有限的生命毫无保留地投入祖国和人民的伟大建设事业。面对常规能源日见其少、人地矛盾日益凸显、环境问题日益突出的形势，1984年5月，在中国农业科学院召开的第二届学术委员会会议上，钱学森提出"我们将迎来农业型的知识密集型产业"的概念。为解决中国未来能源、土地、粮食问题"百年之困"出谋划策。他还积极关注我国国防建设，指出："我们社会主义中国还处于一个很不安宁的世界……我们要努力（加强）人民解放军的建设，把我军建成一支强大的现代化、正规化的革命军队，进一步提高我军在现代战争条件（下）的自卫能力。"②

钱学森居安思危，始终从战略高度思考谋划人才培养方式。他主张对青年研究人员进行大力培养，放手大胆使用年轻人，并让他们在一些新领域挑头。当年，力学研究所的郑哲敏、林鸿荪、解伯民、俞鸿儒、胡文瑞、崔季平等同志，都是30岁上下的青年人，他们分别在爆炸力学、化学流体、实验室气动力学、物理力学、电磁流体力学等领域负责一个方面的课题，

---

① 李毓昌：《非凡的智慧人生——我所知道的钱学森》，《百年潮》2011年第5期。
② 汪长明：《钱学森的中国梦》，《中国井冈山干部学院学报》2014年第3期。

取得了很好的研究成果。① 钱学森曾经多次向有关部门提出建议，深刻阐述培养我国科技帅才和将才的重要性、迫切性，并具体提出了培养途径和方法。②2005年7月29日，面对专程前来看望他的温家宝总理，钱学森发出了著名的"钱学森之问"："现在中国没有完全发展起来，一个重要原因是没有一所大学能够按照培养科学技术发明创造人才的模式去办学，没有自己独特的创新的东西，老是'冒'不出杰出人才。"钱学森还补充道：一个有科学创新能力的人不但要有科学知识，还要有文化艺术修养。没有这些是不行的。③ 直到2007年，96岁高龄的钱学森还通过助手表示，他"成天思考""念念不忘""无比忧虑"的问题，就是中国目前缺乏拔尖的科技领军人才。他说："这是一件关系国家长远的大事，要办好。"④

三、选择了马克思主义，选择了共产主义理想

钱学森的一生，是破解未知世界的谜团，追求真理的一生；也是坚定理想信念，奉献报国的一生。在近百年的人生历程中，钱学森把二者完美地结合在一起。报效祖国，造福人类的夙愿使他能时刻坚守党性原则，保持作为一个共产党人的先进性，他无愧于"人民科学家"的光荣称号！

一名爱国科学家成长为一名坚定的共产主义战士，并非一朝一夕之

---

① 李毓昌：《非凡的智慧人生——我所知道的钱学森》，《百年潮》2011年第5期。
② 汪长明：《钱学森的中国梦》，《中国井冈山干部学院学报》2014年第5期。
③ 《亲切的交谈——温家宝看望季羡林钱学森侧记》，人民网，2005年7月30日。网址：http://politics.people.com.cn/GB/1024/3580510.html，访问时间：2018年8月18日。
④ 李斌、吴晶：《钱学森：培养一线创新人才是一个紧迫任务》，《成才之路》2008年第10期。

功。青少年时期在学校接受的进步教育、大学阶段参加的时局问题讨论会和因病休学期间读过的《资本论》、西洋哲学史等进步书籍,以及在美国学习、工作期间因忧虑祖国命运经常和好友谈论战争形势,这些都逐步加深了他对马克思主义和共产主义的认识。他意识到中国共产党是真正的马克思主义政党,是真正为人民谋利益的。他说:"为什么要选择中国?我的回答是因为我选择了马克思主义,选择了共产主义的理想;还因为我热爱我的祖国。"①

1. 加入中国共产党,激动得彻夜难眠

1958年9月24日,钱学森正式向党组织提交了"志愿入党申请表",并向党组织提交了一份自传和思想检查。钱学森的这份历史交代和思想检查,得到了党组织负责人的初步肯定。在力学所党支部召开的有部分群众参加的支部大会上征求意见时,有人也提出了一些带批评性的意见,②钱学森"认真听取大家的意见并作了详细记录,他十分珍视保留的记录稿纸就有8页"③。钱学森十分虚心地表示要接受大家意见,并积极改正。10月16日由力学所党支部召开的党员大会上,同志们一致同意他的入党申请。经过一年的预备期,1959年11月12日,钱学森如期转正。钱学森一生获得过无数荣誉,但他认为,自己最大的荣誉是能成为一名共产党员。30年后,他回忆道:"在建国10周年的时候,我被接纳为中国共产党党员,这个时

---

① 魏根发、杜莉:《两弹一星功勋科学家钱学森》,河北少年儿童出版社2001年版,第423页。
② 曾昭铎:《钱学森入党的前前后后》,《福建党史月刊》2013年第2期。
③ 涂元季:《作为一名共产党员的钱学森》,《西安交通大学学报(社会科学版)》2005年第9期。

候我心情非常激动,我是一名中国共产党员了!我简直激动得睡不着觉。"①

是的,一个自幼追求进步但又不是党员的人,在美国却背上"共产党"的"罪名",历经挫折,一旦他几十年的愿望终于实现,真正成为一名光荣的共产党员了,他怎能不激动得彻夜难眠!

2. 努力做一个合格的共产党员

1955年钱学森乘坐克利夫兰总统号归国途中,曾有一个美联社记者到船上来找他,问他是不是共产党员,他回答:"我还不够格做一名共产党员呢!共产党人是具有人类最崇高理想的人。"② 在钱学森心中,共产党人无疑是具有崇高理想的,是为追求真理无所畏惧的,是具有高度组织性和纪律性的,是心有大我,全心全意为人民服务的。所以入党前后,他都时刻以共产党员的标准规范自己的一言一行。他说:"我只努力做一个合格的中国共产党党员而已,尚不知是否真够格。也因为这个缘故,我做一点事也是应该的。"③

(1)科学与政治要结合

钱学森十分重视自己的思想建设,他不仅始终坚信党的事业,坚持党的基本理论,而且十分注重党的理论学习,注重党的方针政策的学习,使自己的思想不断升华,理论境界不断提高,保持共产党员的先进性。青年时代,钱学森曾认真阅读大量马克思主义著作。党的理论刊物《红旗》(后来改名为《求是》杂志),他每期必读。他一生订阅《人民日报》《光明日

---

① 王建柱:《钱学森:此生惟愿长报国——我是劳动人民的一分子》,《党史文汇》2008年第5期。
② 《一切成就归于党归于集体》,《人民日报》1989年8月8日。
③ 《致徐广胜》(1984年1月17日),载《钱学森书信》第1卷,国防工业出版社2007年版,第314页。

报》《解放军报》《北京日报》。① 他多次跟学生讲，我在科学上取得一些成果，就是学习马克思主义哲学的收获。他特别钦佩爱因斯坦、奥本海默等科学家，因为"他们不仅献身世界和平与人类进步事业，而且他们的思想都是辩证唯物主义的"。在给一位朋友的信中，钱学森写道："我近30年来一直在学习马克思主义哲学，并总是试图用马克思主义哲学指导我的工作。马克思主义哲学是智慧的源泉！而且一个马克思主义者是绝不会不爱人民的，绝不会不爱国的。"② 他坚信共产主义的崇高理想，他说：

> 不管今天有些人怎么怀疑马克思主义，不管今天有些人怎样批判科学共产主义的学说，马克思恩格斯提出的人类共产主义文明更高阶段的理想，是真善美的统一，是真正合乎人性的，是真正人道主义的，它确实是人类社会文明的理想境界。这就是为什么一百多年来它吸引了千千万万人的原因，无数的志士仁人为此奋斗、献身的原因。不管今天现实社会主义国家中还有多少不尽人意、不文明的现象存在，它仍不能掩盖共产主义文明的光辉。这种共产主义的最高文明形态仍是任何一个真正追求人类解放，特别是任何一个真正的共产党人所应该追求的崇高理想。③

钱学森牢牢树立为人民服务的宗旨意识，让他意识到科学必须以人民利益为核心。他说，"我在美国是学自然科学工程技术的，一心想用自己学到的科学技术救国，不懂得政治。回到祖国后，通过学习才慢慢懂得了马克思主义，感到科学与政治一定要结合，即便是从事纯技术工作也是有

---

① 涂元季：《作为一名共产党员的钱学森》，《西安交通大学学报（社会科学版）》2005年第9期。
② 《人民的科学家钱学森》，《人民日报·海外版》2001年9月25日。
③ 钱学森等：《社会主义文明的协调发展需要社会主义政治文明建设》，《政治学研究》1989年第5期。

明确的政治方向。"①

（2）是劳动人民的一分子，与劳动人民同甘共苦

钱学森于1956年1月担任中国科学院力学研究所所长后，对工人和其他劳动者都十分尊重。他开会时多次讲道：全所上下从研究人员到炊事员、清洁工，都是为人民服务的，没有贵贱高下之分。力学研究所曾准备兴建一座五层办公大楼，他取消了许多他认为"豪华"的装饰。他说，"国家财政收入的每一元钱都是劳动人民通过艰苦劳动积累起来的，必须尽量节省。"在三年困难时期，他向上级组织要求减薪，并放弃国家对他的特殊供应，力求做到与广大人民同甘共苦。②

1991年10月16日，国务院、中央军委在人民大会堂召开授予钱学森"国家杰出贡献科学家"荣誉称号和"一级英雄模范奖章"大会。江泽民、杨尚昆同志亲自为他颁奖。但钱学森在讲话中却说"今天我不是很激动"，他说："就在今年，我看了王任重同志写的《史来贺传》的序言。在这个序言里他说中央组织部把雷锋、焦裕禄、王进喜、史来贺和钱学森这5个人作为建国后40年来在群众中享有崇高威望的共产党员的优秀代表，我心情激动极了。我现在是劳动人民的一分子，而且与劳动人民中最先进的分子连在了一起。"在钱学森看来，能够与这些为人民服务的崇高榜样并列，是他自己的最大光荣，也是对自己工作的最高肯定。

（3）我不敢当

对待国家和人民，他永远是"国为重，人民为重，自己最轻"。没有钱学森，就没有中国的航空航天事业，作为开拓者和奠基人，面对赞誉，他总是说："我不敢当！"他总是以实事求是的态度告诉大家：像"两弹一

---

① 《致陈信》（1988年10月21日），载《钱学森书信》第4卷，国防工业出版社2007年版，第291页。

② 李毓昌：《非凡的智慧人生——我所知道的钱学森》，《百年潮》2011年第5期。

星"这样的大科学工程,不是哪一个两个人能干成功的。"一切成就归于党,归于集体","那都是千千万万人劳动的成果呵。我本人只是沧海之一粟,渺小得很。真正伟大的是中国人民,是中国共产党,是中华人民共和国!"[①]国际技术与技术交流大会、国际理工研究所授予他小罗克韦尔奖章和称号,他说:"这里面'中国'两个字是不可缺少的,是非常重要的。说是第一名中国人得此奖。要紧的是'中国人'三个字,这个'中国人',应该包括中国成千上万为此作出贡献的人。个人只是尽力做了一点应该做的工作,那是很有限的。要说功劳的话,首先要归功于党的领导,第二是广大科技人员的努力。"[②]这是他的肺腑之言。

对待"名",他保持着淡然和谨慎。1985年,美国要授予钱学森"国家勋章",表彰他的贡献。钱学森拒绝说:"如果中国人民说我钱学森为国家、为民族做了点事,那是最高的奖赏,我不稀罕那些外国荣誉头衔。"他坚持不题词、不为人写序、不参加鉴定会、不兼任何顾问或名誉顾问;报刊上颂扬他的文章被打招呼"到此为止"。[③]1991年,"国家杰出贡献科学家"授奖仪式后,众多新闻媒体出现了一个宣传钱学森的高潮。报纸上天天赞扬钱学森,令他心里很不是滋味。一天他把秘书叫到办公室,说:"我们办任何事,都应该有个度。这件事(指对他的宣传报道)也要适可而止……我这么说并不是故作谦虚,要下决心煞住,你立刻通知报刊杂志社,把宣传我的文章撤下来。"[④]后来,在钱老的坚持下,很多已经交印的杂志,也及时把宣传文章给撤回了。

对待"官",他常常说,"我是一名科技人员,不是什么大官,那些官

[①] 《在授奖仪式上的讲话》,《人民日报》1991年10月19日。
[②] 《一切成就归于党归于集体》,《人民日报》1989年8月8日。
[③] 《共和国军人钱学森》,《解放军报》2011年12月11日。
[④] 王建柱:《人民科学家的楷模钱学森》,《党史纵横》2012年第1期。

的待遇，我一样也不想要"①。他一心科研，致力于解决重大技术问题。当他意识到做"官"会影响到自己科研工作时，毅然辞去国防部第五研究院院长职务，自此，虽然他连续担任多个要职，但一直都是副职。若非为了工作需要，他宁可什么"官"都不当。

对待"待遇"，也是如此。谁能想到，钱学森这样的"大人物"竟然会在北京阜成路8号院这座不起眼的红砖公寓楼里，一住就是49年。组织上曾想给他按标准盖一座小楼，再修一个小院，这样他还可以晒晒太阳。他的秘书涂元季也动员他搬家，但钱学森说："你别再讲这件事。我在这里住惯了，你让我住进小楼，我浑身不自在，能对身体有好处吗？"②

对待"利"，他说，"我姓钱，但我不爱钱"。钱学森从1958年起就开始把工资之外的所有收入，统统捐出，一分不留。这包括他的《工程控制论》《物理力学讲义》《星际航行概论》等论著的丰厚稿酬，也包括1978年落实政策时其父补发的工资，还包括他获得"何梁何利基金科学与技术成就奖""霍英东杰出奖"获得的200万港元的奖金。这些收入或捐给大学，或以党费形式上交党组织，或者捐给了我国的治沙事业。

（4）完全服从组织决定

钱学森同志党性原则极强，只要是党组织决定的事，他都坚决执行。回到国内，钱学森承担的很多工作属于最高机密。作为中国导弹研制的技术领导人，钱学森肩负了很大的压力，但为了完成组织的重托，他默默地承受了一切。据他的爱人蒋英回忆："钱学森自头一天开始到最后，从来没有对我谈过一句他的工作。我从来不知道他在做什么事。他从外边回来，穿着大靴子，穿着大皮袄，我只知道他是到西北去了。"③

---

① 王建柱:《人民科学家的忠诚——悼钱学森》,《党史天地》2009年第12期。
② 《共和国军人钱学森》,《解放军报》2011年12月11日。
③ 《蒋英：我的丈夫钱学森》,《百年潮》2011年第10期。

他一直坚持不准给他写传。他曾十分严厉地说：我还没死，你们急什么！然而，当中央决定在《中共党史人物传》中给他写一个传略条目时，他表示完全服从组织决定，并认真嘱咐秘书：

我想，写传不是为写传而写传，更不能为个人歌功颂德去写传。而是要通过写传反映一个时代，反映我们党在那个时代的科学技术成就；总结过去的经验教训，指导以后的工作。所以，第一，要实事求是；第二，千万不要写出矛盾来，我绝不和任何人争功劳，特别是关于我们国家"两弹一星"，我过去多次讲过，一切成就归于党，归于集体，我本人只是恰逢其时，做了该做的工作，仅此而已。这就是我的观点，是实事求是的观点，你要按照这个观点去写。①

四、结语

"广大知识分子只有把个人理想追求融入波澜壮阔的国家和民族事业中，知识才会发挥更大作用，才能最终成就一番事业。"钱学森传奇的一生，是对习近平总书记这句话的最好注解。江泽民同志称赞钱学森"是一位具有高尚的爱国主义精神，坚定不移地为社会主义事业奋斗的战士……是我国爱国知识分子的典范，他的经历体现了当代中国知识分子追求进步的正

---

① 涂元季:《作为一名共产党员的钱学森》,《西安交通大学学报（社会科学版）》2005年第9期。

确道路"①。批示"我们大家都要向钱学森同志学习，学习他严谨的科学精神，学习他崇高的民族气节和优秀品格"。胡锦涛同志曾亲切地拉着他的手说："钱老，您好。新中国成立之初，你满怀爱国热情，冲破重重阻力，毅然回到祖国。回国后您作为我国火箭、导弹和航天计划的技术领导人，精心组织攻关会战，为两弹一星的成功，倾注了大量心血，建立了卓越功勋。钱老为我国经济、科技、国防建设作出的突出贡献，党和人民永远不会忘记。"②习近平总书记在欧美同学会成立100周年庆祝大会上发表讲话："历史不会忘记，面对新中国百废待兴、百业待举的困难局面，一大批留学人员毅然决然回到祖国怀抱，在极其艰难困苦的条件下呕心沥血、顽强拼搏，为新中国各项事业发展奠定了坚实基础，取得了'两弹一星'等举世瞩目的重大成就，李四光、严济慈、华罗庚、周培源、钱三强、钱学森、邓稼先同志等就是他们中的杰出代表。"

钱学森的一生是学习的一生，探索的一生，创造的一生，奉献的一生。"在他心里，国为重，家为轻，科学最重，名利最轻。5年归国路，10年两弹成。开创祖国航天，他是先行人，披荆斩棘，把智慧锻造成阶梯，留给后来的攀登者。他是知识的宝藏，是科学的旗帜，是中华民族知识分子的典范。"③这便是"科学界楷模，民族英雄"钱学森的一生的真实写照。

"有的人死了，他还活着"，钱学森先生的精神将永远激励我们前行。

---

① 《江泽民论社会主义精神文明建设》，中央文献出版社1999年版，第131页。
② 《深情的关怀 倾心的交谈——胡锦涛总书记看望著名科学家钱学森、吴文俊纪实》，《人民日报》2008年1月20日。
③ 《钱学森当选2007年度"感动中国"人物时的颁奖词》，百度百科，网址：https://baike.baidu.com/item/2007%E6%84%9F%E5%8A%A8%E4%B8%AD%E5%9B%BD%E9%A2%81%E5%A5%96%E8%AF%8D/303224?fr=aladdin#1，访问时间：2018年8月5日。

链接

钱学森的"争"与"让"[①]

钱学森的"争",是争先的争,争光的争,争的是国家和民族的荣誉和地位。

"为中国人争气",是钱学森的追求。1955年钱学森回国时,他的老师冯·卡门由衷地感叹:钱学森在学术上已经超过了自己。超过世界闻名的权威冯·卡门,为中国人争了气,这让钱学森激动万分。

钱学森刚留学时,常听到美国同学嘲笑中国人"愚昧无知"。几十年后,钱学森被国际社会誉为"新兴航空领域中最聪明的人之一""火箭领域中最伟大的天才之一"。美国著名科幻作家克拉克在他的科幻名著《太空漫步》中,塑造了一位神话般的中国科学家,名字就叫"钱学森"。钱学森和他们那一代人矢志不渝的奋发努力,令中国人扬眉吐气。

为国争光,是钱学森的信念。当年,陈赓将军问钱学森,"中国人能不能搞导弹?"钱学森说,"外国人能干的,中国人为什么不能干?难道中国人比外国人矮一截?"当饭都吃不饱的中国宣布"要搞人造卫星"时,被西方讥笑为"妄想一步登天"。横空出世的"两弹一星",打出了中国人的精气神,打出了新中国的国威。如果没有老一辈科学家奋勇争先的精神,中国就没有胆量和魄力挑战尖端科技,就不会有今天航天大国的地位。

钱学森的"让",是谦让、辞让,让的是个人名誉、地位和金钱。

钱学森一贯反对别人称他"导弹之父"或"航天之父",总以诚恳的态度告诉大家,像"两弹一星"这样的大科学工程,不是哪一两个人能干成功的,"一切成就归于党,归于集体"。美国准备授予钱学森院士称号,

---

[①] 唐宋:《钱学森的"争"与"让"》,《人民日报》2009年11月10日。

被他拒绝。他说："如果中国人民说我钱学森为国家、为民族做了点事，那就是最高的奖赏。"

翻开钱学森的履历表，人们发现一个有趣的现象：他的"官"越当越小。国防部第五研究院初建时，钱学森就是院长，后来，他主动要求当副院长。他曾经是全国政协副主席，后来，请求辞去政协的一切职务。钱学森幽默地说，"我姓钱，但是我不爱钱。"他把稿费和奖金上缴组织，捐给学生，捐给西部地区的治沙事业。

钱学森的"争"与"让"，彰显了老一辈知识分子的爱国精神和奉献精神。他的"争"，争出了中国人的志气和作为。他的"让"，让出了中国知识分子的人生境界和人格魅力。

钱学森开创的新中国的十一个"第一"①

1956年，参与筹备组建中国导弹航空科学研究领导机构航空工业委员会，受命负责组建中国第一个火箭、导弹研究机构 国防部第五研究院，并兼任院长。

1956年，设立空气动力研究室，组建了中国第一个空气动力学专业研究机构。

1960年2月，指导设计的中国第一枚液体探空火箭发射成功。

1960年11月，协助聂荣臻成功组织了中国第一枚近程地地导弹发射试验。

1964年6月，作为发射场最高技术负责人，同现场总指挥张爱萍一起组织指挥了中国第一枚改进后的中近程地地导弹飞行试验。

---

① 《官方公布钱学森生平 开创中国十一个"第一"》，中国新闻网，2009年11月6日，网址：http://www.chinanews.com/gn/news/2009/11-06/1952027.shtml，访问时间：2018年8月30日。

1966年10月，作为技术总负责人，协助聂荣臻组织实施了中国首次导弹与原子弹"两弹结合"试验。

1970年4月，牵头组织实施了中国第一颗人造地球卫星发射任务。

1971年3月，组织完成"实践一号"卫星发射试验，首次获得中国空间环境探测数据，为中国研制应用卫星、通信卫星积累了经验。

1972年至1976年，领导设计制造了中国第一艘核动力潜艇。

1972年至1976年，指挥成功发射了中国第一颗返回式卫星。

1980年5月、1982年10月、1984年4月，参与组织领导了中国洲际导弹第一次全程飞行、潜艇水下发射导弹和地球静止轨道试验通信卫星发射任务。

"两弹元勋"

邓稼先

假如把每个人的生命旅程最后一句话刻成墓志铭，我想，我会为邓稼先的墓志铭而放声悲歌：1986年7月29日，邓稼先走完了他62年的生命路程。临终前，他拼尽全身力气留下的最后一句话是："不要让人家把我们落得太远……"不是豪言壮语，却如平地惊雷。假如你了解邓稼先，知道他为祖国的核事业默默奉献、甘于寂寞、以身许国、死而后已的生命历程，你会无言哽咽！

邓稼先的一生，是一个爱国者拼尽全身力气奋斗的一生。他用归国的实际行动证明了"只要祖国需要，便义无反顾"的爱国誓言；用无声的坚守书写了"不畏艰难、顽强奋斗"的爱国信念；用无私的奉献谱写了"心有大我、至诚报国"的爱国情怀，用无悔的一生诠释了"忠诚于党、忠诚于事业"的爱国初心。一句嘱托，隐身了一生；一声巨响，震惊了世界。世界和平，是对这位元勋最好的纪念；国家强盛，是对这位功臣最好的告慰！

人类可以不需要核武器，但中国不能没有邓稼先！

一、一生的价值就是为国家

"邦之兴，由得人；人才蔚，国运兴。"深重的民族危机，激发了邓稼先科学救国图存的信念，终身如一。邓稼先将个人的前途命运与国家和民族的前途命运密切关联，用行为品质塑造了中国知识分子的脊梁。

1."要学科学，对国家有用处"

邓稼先出生于书香世家，父亲邓以蛰是北京大学教授兼清华大学的哲学教授。八个月大的时候，邓稼先跟随母亲一起来到北平。父亲很注重邓稼先的教育，要求他不仅要学习中国的四书五经，还要通读国外的文学著作。得益于父亲的长期教导，中学时期的邓稼先学习成绩就已经十分优异。

九一八事变后，日军占领了中国东北，并将魔爪伸向华北。1937年，中国发生了举世震惊的七七事变，北平陷落。那一年，邓稼先13岁，正是他世界观、人生观、价值观开始萌芽的时候。在北平学习的他，目睹了这一切：深爱的国土被践踏，人民受迫害，懵懂的少年内心中产生了强烈的民族自尊心。那时，除了读书学习外，他还秘密参加一些抗日聚会，和同学们一起谈论国家的命运和前途，相互激励，他的思想也开始越来越成熟。当时，日本军部规定，凡是从日本哨兵面前经过的中国人都必须行鞠躬礼。可是，邓稼先偏不这么做，宁可绕远多走几步，也绝对不做对不起自己良心的事。伟大的人格终究成就伟大的事业，伟大的事业也需要这样伟大的人格。年少的时候，一身正气的邓稼先就播下了信仰坚定、为国奉献的人格种子。

北平沦陷后，日本当局召开了"庆功会"，强迫市民和学生参加，并且向每个人分发了日本国旗。邓稼先无法忍受这种屈辱，当众把一面日本国旗扔在地上，重重地踩了几脚。这件事发生后，邓以蛰的一个好友劝他说，此事早晚会被人告发，快让孩子尽早离开北平吧。在父亲的劝说下，1940年5月邓稼先跟随姐姐南下去了昆明，临行前，父亲深情地对邓稼先说："稼儿，以后你一定要学科学，不要像我这样，不要学文。学科学对国家有用。"面对国家被侵凌的现状，父亲似乎心有余而力不足，根据自己的见闻和阅历，他意识到只有掌握先进的科学技术才能彻底改变中国的命运，也殷切地希望自己的儿子能担当起重任。邓稼先记住了父亲的这番话，决心用功学习科学本领，换回中国人的尊严。小小的年纪就要背井离乡去求学，家人都不忍与他分别，他的母亲、大姐、三姐早已泣不成声，邓稼先却异常地冷静和坚定，对她们说，"我现在只有仇恨，没有眼泪。"这是一位只有 16 岁的血气方刚的少年临行前说过的话，它饱含着对日本帝国主义侵略行径的极大痛恨，饱含着爱国青年卧薪尝胆的壮志豪情，掷地而有声、铿锵而有力。邓稼先认为要改变中国被压迫被欺凌的现状，就必须学知识、学本领。从那一刻起，"爱国"就成了邓稼先一生的魂；"爱国主义者"就成了邓稼先一生的标签。选择了这条路，他再也没有后悔过。

2. "看来关键是政治"

邓稼先 17 岁时，高中毕业并顺利考上了西南联大物理系。西南联大是原来的北京大学、清华大学和南开大学三所学校在 1935 年南迁后合并办起来的一所学校。大学阶段的邓稼先，学习更加用功努力。西南联大物理系可谓名师荟萃、人才辈出，不仅有叶企孙、吴有训、赵忠尧等著名物理学专家，还有饶毓泰、周培源、张文裕等知名学者。当时，邓稼先中学时期的好友杨振宁也在西南联大物理系学习，比邓稼先高三班。他们是十分要好的朋友，还经常在学校借用昆华中学校舍附近的大树旁一起诵读古诗，用古韵陶冶心情。"千秋耻，终当雪；中兴业，须人杰"的校歌激励着一批又一批的学生勿忘国耻，牢记使命，用学到的知识和本领回报祖国。

一般印象中，昆明是四季如春、风景如画的城市，但是在抗日战争时期，昆明的上空却经常笼罩着恐怖的阴霾。在高压政策之下没有任何民主和法制，抓人不问缘由，审判随意枪毙。昆明的百姓对这一现状十分痛恨。当时西南联大学生的思想又是相当活跃、十分激进，他们关心国家大事、憎恶国民政府的贪腐。《新华日报》是西南联大师生最关注的报纸，一有重要消息，报架前就围得水泄不通。邓稼先就是这些学生中的一位，除了埋头苦读外，他还十分关心政治。对于如何救国、救国的关键在哪里，邓稼先和他志同道合的同学们经常展开讨论。经过一番激烈的讨论，邓稼先坚定地说："看来关键是政治。"为什么这么说呢？邓稼先深知，落后就要挨打。只有拥有一流的科学技术，才能有与其他大国平起平坐的机会。然而，没有一个开明的政府，科学技术也显然无用武之地。在20岁前后，是邓稼先的世界观、人生观、价值观正在确立和形成的时期，这样一个转变，一方面是源于革命民主主义思想的浸染；另一方面更是源自他内心的执着与坚定。十四年抗战耗尽了中国所有的人力物力，中华民族遭受了数千年未有的奇耻大辱。邓稼先内心迸发出强烈的使命感和责任感。那个时候，邓稼先读了很多书，包括毛泽东的《新民主主义论》等著作，从中受到深刻的启发和教育，他坚信中国共产党领导的人民解放事业一定会成功，一个崭新的中国必将诞生。这时，他要用自己的全部才智为祖国效力的思想在头脑中粗具雏形。

从父亲谆谆告诫的"要学科学，对国家有用处"，到后来自己悟出的"看来关键是政治"，邓稼先的思想认识完成了一个质的飞跃，面对国民政府的专制和腐败，他没有选择放弃对自然科学的追求，他选择的是相信一个值得托付的力量来托起自己的强国梦，而这个力量就是中国共产党。这是在他彻底看清国民政府反动的真面目之后思想认识上的一个升华，也是他后来坚定地接受周恩来等国家领导人的邀请回国报效祖国的信心源头。在邓稼先身上，"科学"与"强国"实现了完美的结合，从此，他踏上了科学强国的道路。

3. 坚定选择祖国

邓稼先怀着科技强国的理想追求去美国留学。在美国，得知新中国成立的消息，邓稼先喜极而泣，再也抑制不住内心的激动，当时头脑里闪现的第一个想法就是：我带着什么回去献给祖国？这个问题是他在国外求学最强大的动力支撑。他认为，能有机会到美国学习国际前沿的核物理知识，机会实属难得，一定要把最精华的东西学到，必须拼命钻研，来不得半点儿松懈，并且，他强烈地感到必须尽快回国贡献自己的力量。

在普渡大学，邓稼先用了一年零十个月的时间，完成了博士三年的学习，并顺利完成博士论文，那一年他才26岁，由于岁数小，皮肤白皙，看起来比实际年龄还要小些，所以被大家称作"娃娃博士"。他的博士论文题目是《氘核的光致蜕变》，在当时已经是物理研究的前沿课题，因此邓稼先深受老师的赏识。

从拿到博士学位到踏上归国的行程，邓稼先没有给自己丝毫犹豫的机会，他冲破重重阻挠，谢绝了导师的执意挽留，放弃了继续深造的机会，毅然决定回到祖国。1950年8月29日，也就是拿到博士学位的第九天，邓稼先乘坐"威尔逊总统号"轮船，回到了他一心向往的国土。他清醒地看到中国与西方国家的差距，深刻认识到这种差距对强国梦的巨大阻碍。所以，他决定一刻也不停留，尽快行动，急切地想把自己所学到的一切知识奉献给国家和人民。跟邓稼先一同回到中国的年轻知识分子有100余人，有一些人半路在日本、中国香港等地被截留了，还有一些人逃到了英国。剩下所有顺利回国的爱国知识分子都受到了外事部门的热烈欢迎和隆重接待。欢迎会现场有人问邓稼先从美国都带回了些什么？邓稼先幽默地说："除了带几双眼下中国还不能生产的尼龙袜子送给父亲外，还带了一脑袋关于原子核的知识。"

国以才立，业以才兴；千秋基业，人才为先。当时的中国百废待兴、百业待举、人才稀缺。中国共产党为推进社会主义新中国建设事业，千方百计网罗人才。邓稼先和一大批学成归来的爱国知识分子为社会主义建设立下了汗马功劳，后来他们很多人成了院士或者教授。他们不计名利、甘愿回到贫穷落后的祖国,因为国家需要人才,在极其艰难困苦的条件下呕心沥血、淡泊名利、无私奉献,为新中国各项事业发展奠定了坚实的基础。邓稼先以极短的时间完成博士研究,又以极果断的态度踏上归国之路。也许在那个年代,邓稼先这一批归国学者并不把回到一穷二白的祖国看成是克服了什么个人困难,但是今天,我们知道背负着振兴中华的使命和责任意味着巨大的压力,但他们的脊梁是直的,他们铸就了中华民族的脊梁。

二、隐姓埋名的无私坚守

1999年,当邓稼先被追授"两弹一星"元勋的称号时,他已辞世整整13年。而这时距他投身原子弹的研究,也整整过去了41年。邓稼先用28年的无悔奉献向中华民族、向祖国献上了忠心。

1.到祖国需要的地方去

建国初期,新中国能造桌子椅子,能造茶碗茶壶,能种粮食,能把小麦磨成面粉,还能造纸,但毛泽东说"一辆汽车、一架飞机、一辆坦克、一辆拖拉机都不能造"。1945年,美国在日本广岛长崎投掷两颗原子弹,让世界真切地看到了原子武器毁灭性的力量,根据2002年美国解密的41份绝密文件表明,美国曾多次企图对新中国发动核突袭。朝鲜战争期间,装有原子弹的导弹,一度运至日本冲绳岛,美国人扬言要将核武器作普通炸弹来用。国际舆论称,自广岛和长崎被毁灭后,没有任何一个国家像新中国一样临近核威胁。约里奥·居里曾经转告毛泽东说,"要保卫世界和平，就要反对原子弹。你们要反对原子弹，必须自己先有。"邓稼先就是在这样的背景下，出任核研究院理论部主任，接受了"放一个大炮仗"的任务。

1958年8月的一天，夜深了，辗转反侧的邓稼先久久地盯着窗外，窗外的夜色中有一轮圆月，他的妻子许鹿希回忆说："邓稼先喜欢月亮，常望着月亮出神。"那天邓稼先却突然坐了起来，他将一只手轻轻放在妻子的手上，眼睛却盯着窗外的月亮，也是轻轻地说了声，"我要调动工作了"。是什么样的工作让他下这样的决心，邓稼先没有回答，却说道，"我的生命就献给未来的工作了，这件事做成功，我这辈子就过得很有意义，就是为了它，粉身碎骨也是值得的"。那一夜，妻子许鹿希哭了，但她还是没有想到，这次调动重新安排了邓稼先后半生的生命路程。在邓稼先沉默的背后，还有一层更深刻的东西，就是建立在国家情怀与责任上的那份初心。那一年，邓稼先34岁。

2. "老地方就是保密"

邓稼先被任命为中国研制原子弹的理论设计负责人，但他的妻子许鹿希以为只是普通的工作调动，她根本想不到丈夫是去造原子弹，因为邓稼先的专业是核物理理论。没有人知道邓稼先在哪里工作，他白天消失，晚上神秘回家，其实，他那时候工作的地方，与家只隔着一站路，严格的保密纪律，让邓稼先的生活方式完全变了，他从此没有发表过一篇论文，没有做过一次学术报告，甚至，亲友间的聚会也避开了。

有一天，邓稼先的妻子骑车碰见他，就问他怎么在那里，当时她根本没想到那就是邓稼先的工作单位。于是邓稼先就骗了他，说"我去看人，在这下错车了"。然后他看见公共汽车就赶紧上去，一直以来，他的妻子都没有想到这是一个善意的谎言。

邓稼先每天深夜回家，总是坐着愣神，愣愣地看着月亮。他经常靠在床上，眼睛就盯着很远很远，你可以觉得他在想什么东西，小孩不管怎么玩，他好像就看不见小孩在旁边玩，妻子还是全然不知丈夫干的是什么，她只是常常梦见丈夫背着包，拿着书，像是去工作，又像是去学习，问他上哪去了，邓稼先回答"老地方"。那"老地方是什么地方"？"你忘了，老地方就是保密"。

就在第一颗原子弹试爆成功的第二天，组织上送来了一张回北京的机票，邓稼先母亲病危，早在原子弹试爆成功之前，母亲就已经病危。当邓稼先赶回北京，母亲已不能说话，他跪倒在病床旁，捧着母亲苍老的双手，长跪不起。每一次核试验后，邓稼先都要回北京向中央报告，这使他与家人有难得的相聚，大半辈子过去了，这是他唯一的探亲时刻。

邓稼先说自己的梦里常常有两个场景，一个是中国第一颗原子弹成功爆炸时的蘑菇云，一个是妻儿们欢笑的场景。当许久之后许鹿希终于见到丈夫，丈夫已是一头白发，穿着灰布衣服、部队的便鞋，她伸手去接丈夫的皮包，邓稼先也习惯性地紧紧拽着包，两人面对面抓着同一只包，彼此相望却无言。

3. 一切靠中国人自己去摸索

理论设计是制造原子弹的"龙头"，在邓稼先接受任务时第一个反应就是："我能行吗？"这时的理论设计小组只有邓稼先和几个刚毕业的大学生，而美国第一颗原子弹的科研队伍，仅诺贝尔奖得主就有14人。在"一无所有"的中国，邓稼先所承受的压力，是现在人难以体会的。尽管他是留美博士，学的是核物理，但在造原子弹方面却缺乏经验，这使他的团队不得不受制于苏联专家。这不仅在研制技术上增加了难度，同时给研究人员精神上造成了巨大的压力。但这一切都没有击退邓稼先，而是平添了他带领团队在初心路上前行的勇气和决心。

　　1957年，毛泽东出访苏联，签订了《中苏国防新技术协定》，苏联表示援助中国研制原子弹，中国用农产品交换苏联的教学模型和图纸资料，当时，中国人对苏联指导充满期待，以缩短原子弹研制周期和战线。但事实上，即使在常规武器上，苏联老大哥也只允许中国人仿制他们将要停产的武器装备。在指导过程中，苏联专家总是强调不要急躁，并指定了14本书目。邓稼先初期的工作任务是向苏联专家学习原子弹的设计理论。但苏联专家的这一招就好比将邓稼先的理论小组带进了"迷宫"。邓稼先归纳出几个问题希望能够及时得到苏联专家的帮助，但是得到的答复几乎等于零。苏联专家不传真经，而列举出和制造原子弹有关的上百个专业，其中甚至还包括学习"花儿匠"。苏联专家不允许理论设计小组马上动手，邓稼先则坚持一边学习，一边工作，在苏联专家来检查的时候，就把工作本放到抽屉里，把苏联专家指定的教科书放在桌上，通过一次一次的游击战术，研究和学习才得以艰难推进。

　　但很快由于中苏关系彻底逆转，连这样的老师都没有了。因为中苏关系恶化，苏联撕毁协议，撤走专家，带走资料，赫鲁晓夫扬言没有苏联的帮助，中国20年也搞不出原子弹来。而毛泽东却说，"赫鲁晓夫不给我们尖端技术，极好。如果给了，这个账很难还。"我们首颗原子弹之所以被命名为"596争气弹"，正是因为苏联撕毁协议的日期是1959年6月。

　　以苏联切断援助为分水岭，中国从此走上了独立自主发展核武器的道路，但摆在邓稼先面前的问题很现实，这是怎样的一种艰难。首先要在"迷宫"中找到方向。终于，他将目光锁定在中子物理、流体力学和高温高压下的物理性质，这三个方面也是他对中国原子弹研究的最大贡献。

　　在邓稼先的带领下，这支研究队伍虽然专业不同、性格迥异，但相同的是为国"争气"的劲头和工作热情。就这样，原子弹的理论设计，在两年中获得了很大的进步，原子弹理论在朝着邓稼先确定的方向迈出了一大步。终于他们走到了一个关键处，要寻找原子弹的一个重要参数。当年，苏联专家曾给过一个参数，竟导致邓稼先他们首先用"成千上万的数据"去验证这一数据的准确性。上万次的计算结果与苏联专家的爆炸参数相差甚远，计算用的纸装进麻袋，堆满了几个仓库。邓稼先带着研究团队24小时倒班，带个军大衣，睡在计算机房的地板上。带着面包，算累了，饿了以后就吃点面包或者吃点冷馒头，喝点水。终于关键性参数被确定，整个核武器研制的"龙头"昂起来了。数学家华罗庚说"这是集世界数学难题之大成"。

4. 点燃的"争气弹"

这是一个极度匮乏的年代，但这时，比国内粮食短缺更严峻的是紧张的国际局势。1963年，美苏英签订《部分禁止核试验条约》，禁止大气层核试验，以阻止中国发展自己的核武器。1964年，美国人探测到中国核试验正在临近，安排探测卫星在罗布泊上空徘徊，对核武器基地构成了严重威胁。国际形势相当紧张，与国际形势一样紧张的还有邓稼先的神经，在一次热试验后，邓稼先紧张得都休克了，一下子血压都测不到了。

制造第一颗原子弹时，科学家造精密、复杂的武器，用的竟都是最原始的工具。炼制炸药时用的是铝锅，精算计算时用的是手摇计算机、计算尺和算盘，这里有邓稼先等一代科学家的天才创造，有他们义无反顾的热情。完成了原子弹的理论设计，邓稼先和他的小组于1963年2月转战青海221基地。基地在海拔3200多米的高原上，空气稀薄，年无霜期仅40天，当时是三年困难时期，基本上每天只能靠酱油汤就饭，一米八多的邓稼先很快就全身浮肿，生活上当时很艰苦，吃不饱，工作到深夜，突然有同事拿出来烧饼，大家就会一阵哄抢。邓稼先还是禁不住说道，你们吃，也给我留一小块吧。

一穷二白的国家为科学家提供的条件，是今天的人们难以想象的。物质资料的匮乏、技术的落后，乃至粮食的短缺和封闭的环境，是阻拦在科学家面前的一座座大山、一条条深沟。但作为那一代知识分子，只要是国家把他放在这个岗位上面，他们总是做到坚守初心、兢兢业业、无私奉献，哪怕生命都不要了，也要把它做好。

终于，中国第一颗原子弹爆炸了，时间是1964年10月16日下午3点，几乎在爆炸的同时，美国总统约翰逊发表的广播讲话中称，红色中国爆炸的原子弹是"一个非常差劲的东西，它要达到做核武器的能力还要很多年"。然而，美国人通过大气云层取样分析，得到的结论却是中国原子弹爆炸当量远超过美国当年投在广岛、长崎的两颗原子弹。有了原子弹，打破了美苏核垄断，更为中国赢得了国际地位。一个月后，在中美大使级123次会谈上，美国代表第一次使用了"中华人民共和国政府"称谓。日本记者这样写道，"在中国罗布泊这团蘑菇云的辐射之下，人类的战争即将放慢脚步"。

5. 科学无国界，科学家有国界

邓稼先的物理直觉、数学见地、勇进的胆识和稳健的判断都证明他是完全应该登上物理学高峰的人。当年在美国，有著名物理学家执意请他去英国做研究，就是看准他是站在科学的前沿、能够登上科学高峰的人才。但邓稼先却一直隐姓埋名。直到1986年6月24日，中国人第一次知道了邓稼先的名字，知道他是"两弹元勋"，知道他是中国第一颗原子弹和氢弹的理论方案设计者，知道了他是一个英雄。

1971年，杨振宁回国，最想见的第一个人就是同窗挚友邓稼先。邓稼先接到中央通知，赶回北京，面对老朋友有关"你从事什么工作、为什么回国后没有任何消息"的简单问题，却无法回答。在上飞机前，杨振宁突然转身问出了这样一个问题："稼先，我在美国听说，中国的原子弹是美国科学家帮着制造的,是不是真的?"为了不泄密,不暴露自己的工作,邓稼先的回答是"以后再告诉你"。后来,邓稼先根据周恩来的指示,写信告诉杨振宁,中国的原子弹、氢弹全部是中国人自己研制。

6. 咽下委屈依旧报效祖国

1966年"文革"初期,也正是中国氢弹研制的关键时期和最后冲刺时刻。邓稼先和他的家人都受到了严重的政治冲击。邓稼先的妻子许鹿希当时是北京医学院的讲师,同时担任着一个系的党总支委员会书记的职务,很快便遭受到那些叫嚷着"踢开党委闹革命"的人的折磨。他们心爱的女儿被下放到了内蒙古建设兵团。面对妻离子散的家庭处境,邓稼先并没有怨言,相反,他依然将所有的精力都倾注在国家的核事业上,因为他知道这个事情更加耽误不得,尤其看到团队克服万难研制的氢弹眼看就要成功的时候,他就更加责无旁贷地继续他的科研工作了。

然而,令邓稼先更恼火的事情发生了。由于受到政治斗争的影响,九院(中国工程物理研究院)的研究人员分成了坚决对抗的两派。邓稼先看到这种局面痛心不已,于是他把大家召集到一起,郑重地念了一份材料,这份材料的核心内容就是法国计划要在1967年爆炸氢弹。他语气激动地说:"你们都知道,如果法国人成功了,他们就是世界上第四个拥有氢弹的国家,如果我们赶不上他们,可就是当老五了!所以我心里急得没办法,你们帮我出个主意吧。咱们一定要赶上和超过法国啊!"邓稼先的一席话如同一盆冰冷的水泼醒了在场的所有人,他们恍然大悟,两派分庭抗礼的局势立刻扭转。大家都是有识爱国之士,在赶超法国这一点上立场是完全一致的。

"文革"时期,经过周恩来的指示,研制核武器的基地和相关人员不能受到冲击,但是,随着"文革"的深入,邓稼先和其他科研工作者也难免受到影响,核试验的研究和论证工作一度中断。邓稼先非常清楚自己手中这些极为宝贵的材料和数据都是国家的最高机密，一旦交出来就会给国家的核武器事业乃至国家安全造成巨大的损失和危害。就是这样的艰难条件下，邓稼先的初心依然恒久，他深知自己的使命还没有完成，国家核事业的发展还需要推进，依然不能放弃，放弃就等于前功尽弃。就这样，制造氢弹的工作稳步推进，终于在1967年6月17日，我国第一颗氢弹的火球升腾在罗布泊的上空。当地的维吾尔族老人说："不得了！新疆出了两个太阳！"

三、"假如生命终结后可以再生，我仍选择中国"

邓稼先带领中国迈出了独立研究核武器的第一步，在1986年前中国进行的32次核试验中，他亲自在现场主持过15次。他一生为中国的核事业留下了四座里程碑。他为中国核事业最持久的付出，竟是不能像一个普通人一样享受生活，时隔28年，当他再次回到妻子的身边，他的生命已经走到了尽头。

1. 将生命付与祖国

核试验最危险的是为核弹插雷管，如果发生意外，人将立刻化为气体。但是既然是试验，也有可能发生意外。最后中国总共进行了45次的核试验，就基本达到了核大国上千次核试验才达到的水平。在邓稼先生前的核试验，多由他来最后签字，每一次签字他的手都是颤抖的、冰凉的，因为签字就代表他是总负责人，压力太大了。每次在倒数"10、9、8、7……2、1，起爆"的时刻他心理上的压力是非常沉重的。每一次邓稼先都是无声地站在现场，操作工人换班他不换，有时一站就是一天一夜。但即便如此，他还是兢兢业业，勇于承担所有压力。每一次试验之前，他连觉都睡不好。薄弱的工业基础，严重不足的经费，难以想象的落后，但又不可能慢慢来，每一次试验必须做到大跨度的技术进步。困难重重的研制路上，是常年的紧张和不安。这种极度的紧张和昼夜不分的工作状态，还有极其不规律的生活，长年侵蚀着他的健康。

　　1979年，空投核弹，飞机携带核弹直飞爆心。时间分秒过去，核弹却没有爆炸，场面鸦雀无声。这次试验是邓稼先签字，签字就是向国家保证试验成功。大家知道，像邓稼先这样有责任感的人是一定会冲进试验场的。拦住他的人呼喊"老邓，你不能去，你的命比我值钱"，但现场没有人能拉住他。二机部的副部长赵敬璞要陪他进去，邓稼先坚决不让，因为摔裂的弹片散落在荒野横垣上，防化兵没有找到核心部件，他了解冲进去的危害性。可是，邓稼先却来了，他找到了碎弹体，用双手捧起。在那种情况下，要求很高的防护措施，散落在地上的含辐射的粉尘极其容易呼吸到身体里去。而邓稼先回来后说"平安无事"，这意味着对中国老百姓平安无事。可是，这四个字是沉重的，因为当邓稼先捧起碎弹体的刹那间，他生命的倒计时就被点燃了。

　　他已经受过多次辐射伤害，但这一次是致命的。邓稼先被送进医院，检查结果显示白血球内染色体呈粉末状，尿液有极强的放射性，他身上所有的指标都一塌糊涂。连大夫都不敢确认，他这是吃了什么剧毒物。如此严重的破坏性，可是邓稼先不肯说，也向询问的人隐瞒。作为一名科学家，邓稼先已经把自己的一切，不惜自己生命的代价，将全部的精力和他的才智都贡献给了国家，这就是他一生的价值。

2. 对祖国的最后牵挂

　　在邓稼先生命的最后一段时间里，他的心思还全部都在工作、人民和国家。即使在病榻前，他最关心的依然是国家的核武器事业。1986年春节前夕，他约一位到北京开会的朋友谈工作。这位同志走下车的时候，发现从另一个车门下来的竟然是邓稼先。原来，当时已经被诊断为癌症晚期的邓稼先刚从北京图书馆查资料回来，瘦弱的身上挂着引流瓶。他对事业的这份执着令人无比敬畏。

邓稼先预感到生命留给自己的时日不多了，他认为，有两件事自己必须完成。他对妻子许鹿希说："我有两件事必须做完，那一份建议书和那一本书。"于是，邓稼先请他的老战友于敏来到医院，二人讨论关于我国核武器发展的设想，决定研究起草一份向中央的建议书。邓稼先强烈感受到核武器等其他尖端科学的重要性，世界各个大国都在全力以赴地向前跑，你慢一点，就会被别人赶超，或者被别人甩得更远。邓稼先与时间赛跑的过程，就仿佛国家与国家竞赛的过程，他感受到生命的垂危，坚决要在生命的最后一刻把知识传承下去，把推动国防尖端武器及科学技术持续发展的理念和经验传承下去。只有传承好，初心才能永葆，才能确保中国战略威慑力量始终安全、可靠、有效。经过与同志们反复的研讨、商议，邓稼先忍受着病痛的折磨，依靠顽强的毅力，完成了常人难以想象的工作，这是一个临近生命终点的科学家对祖国的最后牵挂。

1986年4月2日，邓稼先终于完成了一份递交中央的关于我国核武器发展的建议书并递交中央。他边治疗边看材料，一次治疗需要好几个小时，邓稼先就看几个小时的材料，病房成了他的办公室。这份极为重要的建议书对中国领导人做最后决策提供了极为重要的参考。

3. 如果还有来生

生命最后的时光占据他脑海全部的仍是中国的核事业。邓稼先在世时，经常有人问他为国家研制了"两弹",获得了多少奖金。他总是笑而不答。1985年,杨振宁到医院看望生病的邓稼先时,又提起了这件事,他会心一笑说:"奖金是20元,原子弹10元,氢弹10元。"由于参加原子弹研究的工作人员太多,平均分下去得到的钱虽然微不足道,但是邓稼先却未有过任何怨言。杨振宁后来回忆说:"是的,如果稼先再次选择他的人生的话,他仍会走他已走过的道路。这是他的性格与品质。能这样估价自己一生的人不多,我们应为稼先庆幸!"

1986年7月15日,万里代总理到医院看望邓稼先,告诉他,国务院决定授予他全国劳动模范称号,这是"七五"计划期间的第一个全国劳模。两天后,李鹏副总理来到病房,授予他全国劳模的奖章和证书。邓稼先服了加倍的止痛药,吃力地表达了他对党和国家的谢意,他郑重地把奖章戴在胸前,说道:"核武器事业是成千上万人的努力才能取得成功的,我只不过做了一部分应该做的工作,只能做一个代表而已。"李鹏副总理对他说:"党和国家非常感谢您这几十年来在核工业、核武器方面作出的贡献。您说的也对,这个事业当然是千百万人的事业。但是,我们也充分地估价您在这个核武器事业中作出的贡献。"邓稼先在致谢手稿中写道:"核武器事业是要成千上万人的努力才能成功,我只不过做了一小部分应该的工作,只能作为一个代表而已。但党和国家就给我这样的荣誉,这足以证明党和国家对尖端事业的重视……我今天虽然身患疾病,但我要顽强和病痛作斗争,争取早日康复,早日做些力所能及的科研工作,不辜负党对我的期望。"1986年7月29日,邓稼先因癌症晚期大出血不幸离开人世。他临终前思考的问题仍是中国如何在尖端武器方面努力,并叮嘱身边人:"不要让人家把我们落得太远。"在生命的最后时刻,邓稼先对妻子许鹿希说:"假如生命终结后可以再生,那么,我仍选择中国,选择核事业。"

四、结语

在书写中国梦的历史征程中，爱国是一个不朽的主题。邓稼先是中国核武器研制工作的开拓者和奠基者，被称为"两弹元勋"，为中国核武器、原子武器的研发作出了重要贡献。邓稼先是新中国知识分子的优秀代表和杰出人物，他的一生是为我国的核事业不懈奋斗的一生，是为中国人民谋幸福、为中华民族谋复兴、为人类谋和平与发展的一生。作为老一辈先进知识分子的邓稼先，在国家最艰难的岁月，在国家最需要人才的时候，毅然服务祖国，报效祖国，无私奉献，默默坚守，筑国防基石，打牢国民根基，用实际行动诠释了"爱国奋斗精神"的时代内涵和重要价值，为我们留下了宝贵的物质财富和精神财富，为广大知识分子树立了良好的榜样。

当前，无论是参与国际合作，还是全球实力较量，都需要大批高素质的人才。各国人才大战愈演愈烈。为了抢占未来发展的战略制高点，世界各国也都加紧制定和实施了新的人才战略，新一轮人才竞争和人才争夺战正在打响。习近平总书记在欧美同学会成立100周年庆祝大会上的讲话中指出："当今世界，综合国力竞争日趋激烈，新一轮科技革命和产业变革正在孕育兴起，变革突破的能量正在不断积累。综合国力竞争说到底是人才竞争。人才资源作为经济社会发展第一资源的特征和作用更加明显，人才竞争已经成为综合国力竞争的核心。谁能培养和吸引更多优秀人才，谁就能在竞争中占据优势。"面对严峻的人才竞争，广大优秀的知识分子更不能等闲视之，要大力弘扬爱国奋斗精神，在新时代建功立业。

伟大的事业，决定了我们国家比以往任何时候都更需要优秀的人才，而优秀的人才只有融入伟大的事业中来才能体现出伟大的价值。广大的优秀知识分子要把爱国之情、强国之志、报国之行统一起来，胸怀大局，心有大我，为实现中华民族伟大复兴的中国梦而不懈奋斗。

(链接)

盛开在戈壁大漠中的马兰花[①]

马兰花是戈壁大漠中常见的耐寒耐旱植物，李时珍的《本草纲目》和屈原的《离骚》等书籍中上都有所记载，相传是天仙宫仙女给人间送来的快乐花。马兰花叶基生、性坚韧，色彩鲜艳夺目，却丝毫不张扬，在戈壁大漠中倔强地生长，不怕风吹沙打。她的深绿色的叶子叫马兰草，通常有半厘米宽，一尺多高。花是雪青色的，当中还有一条白道，蓝白相间，绘成茫茫沙漠中最美丽的图画。

原子弹热核爆炸的试验必须选择人烟稀少的地方。邓稼先和他的同志们一起从北京迁移到荒漠戈壁的试验基地。每一次准备核试验的前期，邓稼先都要在马兰待上几天。马兰是为了进行核试验才盖起来的小镇子，因这里的沙漠地上有一种马兰花而得名。在这干枯、单调的戈壁滩上见到马兰，能让人暂时得到一种生机盎然的情趣。同时也会使人产生一种联想，想到大自然似乎也有一种爱美的天性，有机会就要打扮一下。邓稼先每次在马兰小镇散步的时候，看到这种朴素的小花，就觉得自己被各种牵挂裹紧了的心能稍微放松一下。这种调剂对参试者的身心是大有好处。这种忙里偷闲的放松让他们似乎又回到了普通人的日常生活中，充满着活力和兴趣。

邓稼先以及一大批原子弹研制者就如同这盛开在戈壁大漠中的马兰花一样，在严酷的生存环境下，默默绽放，无私奉献自己最美好的青春年华……

邓稼先去世后，他的妻子许鹿希用白色塑料线把几束枯干的马兰花缠绕起来，摆放在邓稼先的遗像前，永远陪伴他……

[①] 改编自田丰：《两弹元勋：邓稼先传》，长春出版社2017年版，第134页。

以身许国的科学家

郭永怀

1968年的冬天，一架从西北飞往北京的中国民航客机在即将着陆的时候，突然坠毁，在这个机舱里，中国核武器事业的重要科学家——郭永怀不幸遇难了，当人们找到他时，发现他和警卫员紧紧拥抱在一起，当人们费尽力气将他们分开时，不禁失声痛哭：在郭教授的胸前，是保护得完好无损的氢弹绝密资料……在生命的最后时刻，心里最重要的事情，还是国家。

郭永怀（1909—1968），男，山东省荣成人，中共党员。著名力学家、应用数学家、空气动力学家，中国科学院学部委员（即中国科学院院士），近代力学事业的奠基人之一，中国科大创建者之一，中国科大化学物理系首任系主任。1999年被授予"两弹一星"功勋奖章，是该群体中唯一一位以"烈士"身份获此殊荣的科学家。

郭永怀1909年4月4日出生于山东胶东半岛荣成西滩郭家村，1968年12月5日因飞机失事殉难于北京机场，短短不到六十年，就是郭永怀教授的一生！郭永怀教授用短短不到六十年的生命，书写了我国航空航天、"两弹一星"事业一个又一个传奇故事。

一、要自己有骨气

1909年4月4日，一个雨落纷纷的时节，在胶东半岛荣成县的西滩郭家村，郭永怀出生了。他自幼天资聪颖、机智过人。1919年，父亲郭文吉将他送到了本家叔叔所办的学堂里读书习文，三年后他来到了石岛镇的明德小学，继续高小课程的学习。先天的禀赋和后天的勤奋，让他一直在班级里名列前茅，1926年1月，以出色的成绩考入青岛大学附中，成了十里八乡第一个公费中学生。

1929年的夏天，郭永怀以优异成绩考取了地处天津的南开大学预科班，也是公费生，学制两年。由于课程教师大都由教授担任，所选用的教材也多是英文原版书，因而预科班学生的实际水平高于普通高中。在此期间，对郭永怀影响较大的是申又枨。申老师是数学界老前辈姜立夫先生的高足，培养了陈省身、吴大任等数学家。预科学习期间，郭永怀组织了志同道合的同学，成立了一个新颖的读书会——"微社"，微社的成员只有六人，平日里，大家聚集一起读书学习，交流思想。1931年夏季，郭永怀从预科班毕业后直接升入本科班学习。此时的郭永怀对物理学有极高的兴趣，他下定决心攻读物理学专业，不巧的是，当时的南开大学并没有设立物理系，他经过一番努力，拜师于顾静薇教授。顾静薇是当时电机系的知名物理学教授，郭永怀的才华得到了顾教授的认可和赏识，顾教授决定为他单独开课。1932年8月，饶毓泰回国并应北京大学之邀任物理系主任，顾先生认为，郭永怀应该到饶教授门下求学深造。当时适逢南开大学办学经费紧张，拟缩小规模，鼓励学生转学。郭永怀便听取了顾教授的建议，报名参加了北京大学的入学考试，成绩优异并得到奖学金，顺利地进入北京大学物理系学习。

在北大期间，郭永怀曾选修饶毓泰教授开设的"大气物理学"，这门课程对他日后专门从事高速空气动力学研究奠定了坚实基础。在北大求学期间，郭永怀从不放弃任何学习新知识的机会，毕业时，总成绩名列前茅。

毕业之后，郭永怀留校担任助教兼做研究工作，曾经和"中国物理学之父"吴大猷教授一同对喇曼效应进行深入的研究。

1937年，由于日本侵华战争全面爆发，北京大学停止办学，郭永怀暂时回到山东老家，在威海中学任教，同时筹集去西南联大的经费。1938年，郭永怀辗转前往西南联大，开始了两年半的半工半读生活。西南联大教师队伍集中了三校精英，物理系教授更是阵容强大。颠沛流离的生活和日军飞机的狂轰滥炸，让郭永怀意识到，强大的军事力量才是一个国家最有力的保障，于是他放弃了自己最喜欢的光学工程，改学航空工程。他跟随周培源先生学习流体力学，研究湍流理论。

二、异国他乡扬名

1939年夏，中英庚子赔款基金会留学委员会发布了招收第七届留学生的信息。此消息一经传出，国内高校一片沸腾，饶毓泰教授极力建议郭永怀前去应试。在三千多名考生中，留学委员会只计划招收一名力学专业研究生，然而考试的结果出来后，郭永怀与钱伟长、林家翘分数相同，他们都考取了超过350分的分数，经过委员会的一番讨论，他们三人同时被录取。原定七届公费生名额20人，因之增加到22人。1940年1月，正是中华民族抗日救亡最为艰辛最为困难的时候。郭永怀、钱伟长等一批踌躇满志的青年到上海集合，准备启程前往多伦多求学，当尖利的汽笛鸣响时，护照才发下来，郭永怀等人发现护照上有日本领事的签证，让他们中途在日本登岸逗留。郭永怀等人当即强烈抗议，坚决要求更改护照。当面对英代办威胁的时候，郭永怀大义凛然地说："宁可不出国，中国人也要有自己的骨气！"之后，带领全体留学生下船，毅然回到了昆明。留学生与英代办的抗争僵持了七个月之久，最终赢得了不在日本逗留的条件，随后22名留学生再次在上海集合，终于成行。他们这次乘坐的是俄国皇后号邮轮，经过长达28天的颠簸，这批留学生终于来到地处加拿大的多伦多大学，这也是该学校第一次接收来自中国的留学生攻读研究生课程。随后，郭永怀辗转了多个国家进行了物理学的学习，在他漂泊的最后一站美国，他遇到了平生的知己钱学森师兄。

郭永怀在多伦多大学学习还不到一年，就完成了《可压缩黏性流体在直管中的流动》，这篇论文见解独到，饱受业界人士赞许，郭永怀也因此取得了硕士学位。之后，他又想将"可压缩流体跨声速流动的不连续问题"作为自己的研究方向，于是他启程美国，准备向当时的航空大师冯·卡门求教。1941年5月，郭永怀来到美国加州理工学院所在地——帕萨迪那，这里不仅有冯·卡门及一大批世界上最优秀的流体力学和空气动力学专家，还有当时设备最为先进的古根海姆航空实验室（GALCIT），在这里，郭永怀正式师从冯·卡门教授，研习空气动力学。

20世纪40年代初，国外的航空工业已具有相当水平，其重要标志就是飞机的飞行速度可达到700公里/小时。不过，当人类尝试进行跨声速飞行的时候（约1200公里/小时），却遇到了巨大的困难，体现在每当飞机到达这种速度时，就发生舵面失灵、头重尾轻等现象。当飞行员试图逾越这个障碍时，都是以机毁人亡的失败而告终。这是困扰当时物理学家和航空工程师的一个严重问题。但是，为了科学的发展，郭永怀偏偏选择了这条崎岖的研究之路。不得不说，这绝对是一条满布荆棘的科研道路，历经四年多的刻苦钻研，经历了无数的失败与挫折，郭永怀终于在跨声速流动的研究领域取得了重大成果。1945年，他以优秀的天分和顽强的毅力，出色地完成了《跨声速流动不连续解》学术论文，这是一篇极具挑战性的论文，这项工作无论在理论上还是实际工程中都具有不可估量的意义，郭永怀也因此获得了博士学位。

在跨声速领域里，郭永怀的学术成就是世界公认的。值得一提的是，他和钱学森师兄一同提出了上临界马赫数（即流速与声速的比值）的概念，这一概念的提出，为人类解决跨声速飞行的工程问题提供了坚实的理论基础。在一大批科学家和工程师的共同努力下，人类终于在1948年突破了声障，获得了跨声速飞行的巨大成功。

1946年，康奈尔大学航空研究生院的西尔斯教授看中了郭永怀在空气动力学研究方面的建树，主动邀请郭永怀来校任教。之后的十年时间，郭永怀都一直在康奈尔大学从事黏性流体力学研究，成了航空研究院的三个主持人之一（另外两位是西尔斯和康脱洛维茨）。这十年，也是郭永怀教授科学研究成果极为丰硕的十年。西尔斯后来回忆说，郭永怀教授为康奈尔大学作出了卓越的贡献，其学生多数也成为学界翘楚。

郭永怀聚焦跨声速理论与黏性流动问题，对此进行了深入的研究，先后发表了《可压缩无旋亚声速和超声速混合型流动和上临界马赫数》（与钱学森合作）、《关于中等雷诺数下不可压缩黏性流体绕平板的流动》《弱激波从沿平板的边界层的反射》等重要学术论文，解答了众多关于跨声速流动的理论问题。除此之外，为解决边界层的奇异性，郭永怀改进了庞加莱、莱特希尔等人的变形参数和变形坐标法，发展了"奇异摄动论"。1955年，钱学森在 Advances in Applied Mechanics 杂志上发表学术论文，将郭永怀改进的这一研究方法命名为PLK（Poincare-Lighthill-Kuo，即庞加莱—莱特希尔—郭法）方法。PLK方法的提出，在学界引起了极大轰动并得到了广泛应用。当时的著名力学家莱特希尔、谷一郎教授都专门写信邀请郭永怀讲学。

三、雄心壮志展宏图

1. 心系祖国毅然归国

爱国是一个人对自己祖国的一种诚挚的热爱和深厚的情感，是一个人最原始的感情之一。在郭永怀所处的时代，虽然国内外在经济水平和科研条件方面存在巨大的差距，然而，仍然有很多留学生心系祖国，极其迫切地想踏上归途，郭永怀就是其中的一员。

新中国成立前夕，在康奈尔大学校园里，中国科学工作者协会美国分会这一进步组织出现了，郭永怀得知后积极加入，且有会必到，不仅如此，郭永怀还时常把组织里的朋友们请至家中，诚挚地讨论祖国的命运，畅想祖国的未来。1949年10月，新中国宣告成立，这使得众多海外学子产生了回归祖国的念头，但是美国的反华政策极大地制约了留美中国学子的步伐。中国政府经过几个回合的谈判，努力争取各项权益，迫使美国政府把限制中国学者出境的禁令取消，但是，美国政府却又以"维护国家安全"等各种理由给中国学者设置种种障碍，这些障碍又给各位学者回国制造了重重困难。

1955年，周恩来总理经过一番外交斗争，代表中华人民共和国赢得了外交上的胜利，为钱学森教授赢得了回归祖国的机会。随即郭永怀也毅然决然拒绝了美国同事的邀请，放弃研究机密项目的机会，放弃了刚刚晋升的终身教授头衔，放弃了美国康奈尔大学为其提供的优厚待遇，准备携妻女义无反顾地踏上归途。他考虑到美国政府可能会对他们进行阻拦，为了躲避来自美国政府的干涉，郭永怀在西尔斯院长举行的欢送烧烤晚宴上，将教学十多年来积累的厚厚书稿一页页投入烧烤的篝火里，这一举动让在场的全部学生瞠目结舌。在场的郭永怀夫人李佩教授亦深深为之惋惜叹息。事后证明，虽然书稿付之一炬，但装在郭永怀脑子里的知识是烧不掉的，是完全真正属于他自己的。当时许多留美中国学者就非常钦佩地表示：您给我们指明了道路，我们应当回到我们所属的地方去。

1956年6月，已担任中国科学院力学研究所所长的钱学森托何祚庥带信给郭永怀，热情洋溢地邀请郭永怀到力学所工作。郭永怀看到信后，于1956年国庆节的前一天，动身返回祖国。郭永怀携全家回国后，毛泽东主席特意亲自接见他和家人，中科院领导决定让郭永怀出任力学所学术秘书，随后任副所长，同钱学森一道领导成立不久的力学所。当时，我国已开始制定十二年科学技术发展远景规划，郭永怀回国后即参与到这项工作中，并担任科技规划力学专业组副组长。

在力学研究所里，郭永怀与力学界专家们一起，运筹帷幄，钻坚研微，开辟了具有重要意义的科技新兴领域，制定了翔实的学科发展规划，指明了开展力学研究的正确途径，这种种举措使得我国力学研究日新月异，在短短几年内，一些研究方向可接近世界水平。郭永怀在流体力学中，还研究了如何把边界层的解和边界层以外的大场的解，连接起来的问题，这就是有名的"郭永怀解法"。1957年，经过一番精心准备，郭永怀教授在力学研究所做了《现代空气动力学研究》的报告，结合他本人丰富的知识，提出了国内空气动力学研究的发展方向，并对此进行了详细的阐释，产生了重要影响。1958年春，力学研究所所长钱学森、党委书记杨刚毅与郭永怀三人泛舟昆明湖中，畅谈工作，他们三人给力学研究所规划了为"上天、入地、下海、工农业生产中"四个方面的重大问题服务的任务，提出要努力填补原先空白，着力进行空间技术、高速空气动力学、爆炸力学和高速水动力学的研究，这为力学研究所日后所取得成绩勾画了蓝图。

2. 甘做"铺路石子"，辛勤培养科技人才

郭永怀对于人才和人才培养的规划一直以来都非常重视。早在回国以前，郭永怀就同谈镐生探讨过回国后如何培养力学人才的问题。回国后，他始终把培养科技人才当作头等大事来抓。

在郭永怀看来，要使我国的科学事业兴旺发达，光有少数老专家是不行的，必须不断地培养成千上万的后继者。因此，他把培养年轻一代的力学工作者视为自己的神圣责任。他曾将自己比作一颗铺路石子，致力于培

养学术接班人。在力学所发展的第一个重要时期（1956—1966 年），郭永怀作为所里主要领导人之一，带领科研人员承担多项重大项目，规划了总体研究方向和任务，筹建了实验基地和许多实验设备，设立了许多新兴学科，培养了一大批科技人才，涌现了一大批有价值的成果。这一时期，力学所人数达到 1300 多人，其中相当一部分人员有效地参与或支援了我国多部门的科技事业。郭永怀和钱学森还组织了全国三届力学研究班。郭永怀亲自培养助手、指导研究工作，他亲自带的八位研究生中先后有俞鸿儒、张涵信、李家春当选为中科院院士。

作为我国近代力学事业的开拓者之一，郭永怀和钱学森、周培源、钱伟长等一道规划了我国高等学校力学专业的设置。1956 年，我国恢复建立研究生制度。郭永怀积极筹划力学所的研究生培养。在第一批招生中，他一人就带了 5 名研究生，以后又亲自带过几批。他主张：培养人才要"言教、身教，以身教为主"。在教学和科研中，他自己做表率，经常同年轻人一道解决一个个具体的技术问题。1958 年春，他和钱学森一起提议：为培养我国未来的航天科研人员，成立星际航行学院。此提议后来经中国科学院报中央批准后，国家决定成立涵盖各重要学科和边缘科学研究的中国科学技术大学。在周恩来、邓小平、聂荣臻等中央领导的关注下，中科院积极筹备，中国科学技术大学于 1958 年 9 月 20 日正式成立，郭永怀担任化学物理系首任系主任并兼任北京大学数学力学系教授，讲授高速边界层理论。他亲自带研究生，培养助手，指导一批青年搞研究工作。他循循善诱，诲人不倦，以渊博的学识和出色的指导艺术，以他的全部热情和关怀，为祖国造就了一大批优秀人才。1962 年，郭永怀开始为中国科技大学讲"边界层理论"做准备，同助手们一起编写讲义。他几次放弃休假疗养的机会，坚持工作，终于编出了《边界层理论讲义》。在学术问题上，郭永怀以严谨著称。为了教学的需要，亲自动手翻译普朗特著作《流体力学概论》（1952 年版），反复对照德文原本和英文译本，原书疏漏之处还加上注释。他有着丰富的研究工作经验，见解深邃，讲课别具一格，使学生们不仅知其然，还知其所以然。

郭永怀曾写道："当前的打算是早日培养一批骨干力量，慢慢形成一支专业队伍。"随后他欣慰地说："由于几年的工作，已经见到效果。"

3. 为国鞠躬尽瘁，铸就"两弹一星"

1957年10月4日，苏联成功发射世界第一颗人造卫星，震动了全世界，在我国科技界也引起了强烈反响。同年10月13日，中国科学院、中华全国自然科学专门学会联合会、中华全国科学技术普及学会组织召开了"关于苏联发射成功第一颗人造卫星的座谈会"，郭永怀也参加了此次会议，并发表了自己的观点："我觉得这件事是在进入原子能时代以后的第二件大事，对整个人类都有影响。人类一向是在二度空间活动的动物，现在有了人造卫星的成就，就如爬高有了梯子一样，以后去宇宙活动已经不是梦想，可以实现了。"然后，他以从国外获得的资料，就发射人造卫星的运载工具及其推力，火箭发动机的推进剂、卫星进入轨道的姿态控制、苏联同西方国家火箭技术的比较等具体技术问题作了分析介绍。

1958年，郭永怀参与制定力学所科研规划时，就和所里其他领导共同提出研制人造卫星的倡议。此后，还促成中科院举办了星际航行座谈会，座谈会历时三年，为我国逐步进入航天大国行列进行探索，郭永怀是做了许多有益工作的航天事业开拓者之一。

1964年2月，负责核武器研制、生产整个过程的研究设计院——九院（中国工程物理研究院的前身）成立了，郭永怀任副院长，正式开始了"两弹"研制工作。当时九院成立了四个尖端技术委员会，分别是产品设计委员会，由吴际霖和龙文光任主任和副主任，全权负责原子弹工程设计；第二个是冷试验委员会，由王淦昌和陈能宽任主任和副主任，全权负责原子弹的非核部件试验，第三个是场外试验委员会，由郭永怀和程开甲任主任和副主任，负责进行核武器研制的实验和武器化；第四个是中子点火委员会，由彭桓武和朱光亚任主任和副主任，负责中子点火装置的工作。与之相对应，九院还成立了理论部、实验部、设计部和生产部，郭永怀负责指导设计部的工作，是"两弹"结构设计、强度计算和环境试验的掌舵人。

1964 年 10 月 16 日，我国第一颗原子弹装置爆炸试验取得圆满成功，郭永怀当时就在现场，目睹这一壮观场景，其激动和喜悦是可想而知的。这项对我国具有深远政治、军事和科技发展意义的巨大成就，郭永怀功不可没。

我国第一颗氢弹各方面进展也很快。郭永怀所负责的总体设计、环境模拟试验以及安全论证等工作也都按时顺利完成。为了保证试验成功，1966 年 12 月 28 日，首先进行了氢弹原理试验。1967 年 4 月又进行了弹道特性试验，达到了预期目的，1967 年 6 月 17 日，我国第一颗氢弹爆炸试验成功。从第一颗原子弹到第一颗氢弹，美国用了七年，苏联用了四年，我国只用了两年八个月，这一奇迹震惊了全世界。

1968 年 10 月，我国开始筹划第一颗导弹热核武器试验工作。当时，试验的理论方面有"过早点火几率"问题；实验方面有设计内球新结构问题；材料加工方面正考虑产品自热和装配贮存问题；在整体系统方面有"弹、伞、机"的协同配合问题。郭永怀展望 1969 年和以后的任务，大胆提出今后设计要重新考虑上述各方面的问题，为我国核武器的机动、安全和小型化指明了方向。

郭永怀对于我国核武器研制的贡献是多方面的。他凭借在爆炸力学、气体动力学、空气动力学、飞行力学等诸多学科领域的渊博知识，对内爆过程、结构设计、气动外形、环境试验等许多关键技术问题进行指导，呕心沥血、无私奉献。

肩负着发展我国近代力学和尖端科学事业的重任，郭永怀始终有一种深深的紧迫感，因此，他总是夜以继日不知疲倦地工作着。他的工作日程表永远是排得满满的，力学研究所相关的业务问题，事无巨细他都要亲自过问。

郭永怀曾说："作为新中国的一个普通科技工作者，特别是作为一名共产党员，我只是希望自己的祖国早一天强大起来，永远不再受人欺侮。中国强大了，在世界事务中就会发挥更大的作用。"回国后，郭永怀把主要精力放在组织、领导国内的力学与国防科研上。他参与制定了我国力学学科的发展规划，倡导开展新型力学学科研究。他是唯一一位在我国卫星、导弹和原子弹技术方面均作出巨大贡献的科学家。在卫星技术方面，做了很多关于回收技术的前期开创性工作，对于我国卫星、飞船安全再入大气层顺利回收作出贡献。在导弹方面，作为超小型地空导弹技术负责人，研究了导弹飞行过程中空气离解、气动加热以及弹头烧蚀等物理现象，为导弹事业的发展起了推动作用。在原子弹方面，他负责我国原子弹工程的总体设计、引爆方式和核航弹的轻型化等工作，为原子弹、氢弹的武器化作出了巨大的贡献。

4. 以身殉国

1968年10月3日，59岁的郭永怀又一次来到了地处青海的实验基地，二十几天后，中国第一颗导弹和热武器就要发射了，郭永怀十分看重试验前的准备工作，为了确保万无一失，他要求亲自前往。12月4日，已经在基地工作了两个多月的郭永怀，突然发现了一组重要的数据，认为必须紧急前往北京研究汇报，他一刻也不能等，必须乘坐当天的夜航返京。他急匆匆地到达兰州，利用转机的一点时间，听取了课题组人员的情况汇报并作出了相应指示。

夜幕降临时，身心疲惫的郭永怀终于登上了赶赴北京的飞机。出乎所有人的意料,在几个小时之后,飞机在降落至离地面 400 米时,竟突然失去了平衡,坠毁在了机场旁的玉米地里。飞机失事前的机舱里一定是慌乱无比的,可是就在这短短的时间里,郭永怀还做出了令世人惊诧的举动,他选择和警卫员牟方东紧紧地拥抱在一起,只为用身体保护好他携带的装有绝密资料的公文包。郭永怀离开了,他拼命保护的公文包却安然无损,国家的绝密资料得以保全。

国务院工作人员后来回忆称,当郭永怀飞机失事的消息传来时,周恩来总理不禁失声痛哭,良久不语,随即下令彻查这一事故,并指示《人民日报》发布这一不幸的消息。钱学森伤感不已地叹息:"一个有生命、有智慧的人,一位全世界知名的优秀应用力学家离开了人世。"此时郭永怀刚满 59 岁,22 天后中国第一颗热核导弹试验获得成功,此前郭永怀这位以空气动力学研究驰名世界的科学家,为准备这次试验在青海整整待了45 天。

1968 年 12 月 25 日,中共中央授予他烈士称号。1999 年 9 月 18 日,钱学森等 23 名科学家被授予"两弹一星"荣誉勋章,郭永怀是其中唯一一位以"烈士"身份被授勋的科学家。

四、结语

钱学森曾如此评价郭永怀:"郭永怀同志是一位优秀的应用力学家,他把力学理论和火热的改造客观世界的革命运动结合起来了。其实这也不只是应用力学的特点,也是一切技术科学所共有的,一方面是精深的理论,一方面是火样的斗争,是冷与热的结合,是理论与实践的结合。这里没有胆小鬼的藏身处,也没有私心重的活动地;这里需要的是真才实学和献身精神。郭永怀同志的崇高品德就在这里!"

郭永怀在国外学习和研究的16年都是在做准备,都是为了"和人民一道共同建设美丽的山河"!在他回国后有限的时间里,精力全部集中在领导我国力学学科规划工作,倡导高超声速空气动力学、磁流体力学和爆炸力学等新兴学科,支持研制系列激波管和激波风洞,规划我国的空气动力学试验基地等方面。他高瞻远瞩确定的方向,迄今仍是航空、航天和能源等工程中富有生命力和挑战性的课题。这一时期郭永怀的科学成就主要体现在他为我国近代力学事业奠基和"两弹一星"的科学实践活动中。

郭永怀教授在力学和应用数字方面均有卓越的贡献,他的科学论文在国际上有广泛而深刻的影响。他又是我国力学事业和国防科研的奠基人之一。他因奔波于我国的国防事业不幸因公殉职而过早地离开了我们,然而他的爱国主义精神,他的功绩,他的道德风尚,他的科学精神却随着时间的流逝而更加为人们所怀念和赞扬。

在我国科学技术界,郭永怀先生是将国家需求和学科前沿结合的楷模,是研究工作和技术工作衔接的典范,是理论和实验研究并重的表率。郭永怀先生的学术思想是留给我们的宝贵财富。我们一定要继承和发扬郭永怀先生的科学精神和崇高品格,为把我国建设成创新型的现代化国家而不懈努力!

郭永怀李佩夫妇成为"夜空中的星"[①]

2018年7月中国科学技术大学宣布,国际小行星中心已正式向国际社

[①] 改编自《一张照片发现两颗小行星 郭永怀李佩夫妇成为"夜空中的星"》,《北京青年报》2018年7月21日。

会发布公告，编号为 212796 号的小行星被永久命名为"郭永怀星"，编号为 212797 号的小行星被永久命名为"李佩星"。

今年初，中国科大和中国科学院紫金山天文台联合向国际天文学联合会提出了小行星命名申请，提议将 2007 年 10 月 9 日由紫金山天文台盱眙观测站近地天体望远镜发现的两颗小行星，以中国科大郭永怀夫妇的姓名命名。

经过国际天文学联合会所属的小天体命名委员会讨论通过，国际小行星中心正式发布了命名公告。

小行星的命名是一种崇高的国际荣誉，一般只授予对国家经济、社会、天文等事业作出过重大贡献的单位或个人。

参考文献

http://news.sciencenet.cn/htmlnews/2017/4/372552.shtm.

http://www.xinhuanet.com/tech/2018-07/21/c_1123157270.htm?baike.

http://www.360doc.com/content/16/0312/10/3687699_541524948.shtml.

http://cn.chinadaily.com.cn/2017-04/05/content_28798022.htm.

《郭永怀文集》，科学出版社 2009 年版。

郑哲敏：《郭永怀先生诞辰九十周年纪念文集》，气象出版社 1999 年版。

郑哲敏：《郭永怀纪念文集》，科学出版社 1990 年版。

中国力学学会、中国科学院力学研究所编：《郭永怀文集》，科学出版社 1982 年版。

到祖国最需要的地方去

"西迁人"

1956年的上海,一群胸怀大局心、有大我的知识分子,积极响应交通大学内迁西安的决定,毅然放弃繁华上海优越舒适的工作和生活条件,携家带眷义无反顾地奔向当时条件颇为艰苦的大西北,成为黄土地上的拓荒人、西部大开发的先行者。这一群饱含着爱国奉献精神的"西迁人",将个人前途与国家命运紧密相连,60多年来筚路蓝缕建功立业,用青春和汗水,在三秦大地上创建起一所闻名于世的高等学府,为祖国西部的社会进步和经济发展作出了不可磨灭的贡献,更熔铸出了"胸怀大局、无私奉献、弘扬传统、艰苦创业"的"西迁精神"。2017年11月30日,西安交通大学15位"西迁"老教授给习近平总书记写信,汇报学习党的十九大精神的体会和弘扬奉献报国精神的建议。同年12月,习近平总书记作出重要指示,向当年响应国家号召、献身大西北建设的交大老同志们致以崇高的敬意,祝大家健康长寿、晚年幸福,同时希望西安交大师生传承好"西迁精神",为西部发展、国家建设奉献智慧和力量。①2018年新年贺词中,习近平总书记又说,"2017年,又收到了很多来信,其中有西安交大'西迁'的老教授,他们的故事让我深受感动。"②总书记的这一重要指示,既是对西安交大知识分子的期望,更是对全国知识分子的号召。新时代知识分子到祖国最需要的地方建功立业,将个人奋斗融入祖国建设之中,这正是"西迁人"曾经谱写的人生壮歌,是"西迁精神"在新一代知识分子中的传承再现。

"西迁人"这一群体所蕴含的,是一种伟大的家国情怀,是中国知识

---

① 刘昱含,交大新闻网:《习近平总书记对西安交大"西迁精神"作出重要指示》,http://news.xjtu.edu.cn/info/1033/84901.htm,2017年12月17日。

② 新华网:《国家主席习近平发表二○一八年新年贺词》,http://www.xinhuanet.com/politics/2017-12/31/c_1122192418.htm,2017年12月31日。

分子的脊梁精神。一群具有家国情怀的知识分子"先天下之忧而忧，后天下之乐而乐"，为了祖国发展大业，舍弃小我，成就大我。在当年的上海徐家汇，多少"恰同学少年、风华正茂"的有志青年怀揣着"向科学进军，建设大西北"字样的乘车证，怀揣着以身许国扎根西北的崇高理想和强烈的社会责任感，用辛勤和汗水，在曾经的农田荒野上，创建起一座气势恢宏的现代化高等学府。这一无私奉献的知识分子群体，充分体现了"党让我们去哪里，我们背上行囊就去哪里"的理想信念；体现了"哪里有事业，哪里有爱，哪里就是家"的家国情怀；体现了"始终与党和国家的发展同向同行"的忠诚担当。他们在祖国最需要的时候挺身而出，他们胸怀着对国家和人民的深情大爱，在曾经人才贫瘠的大西北培养出一代又一代社会主义建设者和接班人，将"西迁精神"永远地留在了三秦大地。

一、党让我们去哪里，我们背上行囊就去哪里

1955 年，一份由当时高等教育部提交的关于调整国家高等教育布局的报告呈送到中央领导们的案头，经过慎重的研究和讨论，党中央、国务院决定从国家重点建设总体布局和支援大西北的战略地位出发，将沿海一些重点工厂、学校内迁。作为全国首屈一指的理工名校，交通大学将由上海迁至西安。消息传来，可谓一石激起千层浪，搅动了原本宁静的交大校园，将无数师生和他们的家人带入了大时代的命运旋涡之中。

1. 向科学进军，建设大西北

19 世纪末，甲午战败，民族危亡之际，著名实业家、教育家盛宣怀

秉持"自强首在储才，储才必先兴学"的信念，四处筹款兴学，于1896年在上海徐家汇创办了交通大学的前身——南洋公学。初建时以培养高端法政人才为办学目标，先设师范院、外院、中院、上院四院，继设铁路班、特班、政治班、译书院、东文学堂等，体制完备，规划宏远，开创了我国近代教育的新风气。1907年，著名教育家唐文治执掌南洋公学，把"求一等学问、成一等事业、育一等人才、塑一等品格"作为办学方针。当时，学校只有五六百人的规模，却已经鲜明地提出"造就领袖人才，分播吾国，作为模范""造就中国之奇才异能，冀与欧美各国颉颃争胜"等口号。之后学校几度更名，至民国成立后，定名为交通部上海工业专门学校，坚持以培养交通实业专才为宗旨。1920年12月，北洋政府交通总长叶恭绰将交通部所属四所学校：上海工业专门学校、唐山工业专门学校、北京邮电学校、北京铁道管理学校列为大学分科，定名交通大学，属国立大学性质。1921年5月，交通大学正式合组成立，上海工业专门学校相应改组为交通大学上海学校。从此，交通大学这一校名虽历经风雨，却传承不辍，学校理工管三足鼎立而工文并重，"起点高，基础厚，要求严，重实践"，形成严谨治学和精勤育人的优良传统，以杰出科学家和工程师的摇篮而享誉于世。

1955年，党中央、国务院作出了交通大学迁往西安的决定。当时的交通大学，作为我国创建最早的著名学府之一，已经深扎上海60年，世人眼中，交大在上海，上海有交大，这一观念已深入人心。从经济实力、文化环境、工业设施、生源条件、生活便利等各个方面来讲，交大留在上海继续发展，前景明显好于迁往资源样样匮乏的西北内陆。广大的师生群体，更要承担迁校带来的个人、家庭在情感、生活等多方面的巨大变动，有些人思想上一时间准备不足，这都使得交通大学的西迁之路，充满了许多亟待解决的问题。而当时经历了近百年民族磨难、文化经济萎靡不振的大西北，正迫切需要一所高水平的工科大学前去，为西北的开发建设提供智力支持和人才供给,广大人民群众求校若渴,都在急切盼望着交大的到来。

关键时刻,交大充分发动党组织的力量,紧紧依靠教授专家开展工作,在师生中做了大量艰苦细致的工作,统一了全校的思想,一些思想上有过波动的师生,很快下定决心放下了心理负担。充分了解了西迁意义后,希望尽快投身到改变祖国落后面貌的火热建设大潮中的交大师生,义无反顾地背起行囊一路向西。"向科学进军,建设大西北!"胸怀着对民族的赤诚之意、对知识的炽热之心,他们成了西部大开发的先行者。1956年8月10日,第一批西迁师生员工和家属从上海徐家汇踏上西行的专列,学校领导、学术带头人率先示范,17位党委委员中有16人迁到西安,西迁的教授、副教授近50名,西迁教师占教师总数70%以上。一大批德高望重的老教授、年富力强的学术骨干舍弃上海优越的生活条件,义无反顾从十里洋场来到荒原麦田,站到了西部开发的最前沿,深深地扎根在了渭水之滨,一些人更永远地留在了这片为之奋斗的土地上。正如西迁老教授史维祥所说,"当时国家一声号召,我们觉得这就是应该去做的事情,就背上行囊,满腔热血一头扎进来了,一扎就是一辈子。"①

西安,著名的十三朝古都,曾经作为历朝首都和政治、经济、文化中心长达1100多年,汉武帝于长安立太学,更标志着我国封建官立大学制度的确立。但20世纪50年代深处内陆的西安,发展水平与东南沿海的繁华上海简直判若云泥,当时的西安有三句俏皮话:"马路不平,电灯不明,电话不灵。"生活条件较之上海十分艰苦。8月的西安正值雨季,道路泥泞,到处尘土,习惯了上海柏油马路的西迁师生们,虽然做足了心理准备,但刚一出火车站,对眼前的一切还是始料未及,前来接站的公车甚至因为积满了灰尘没被人们认出来,从江南繁华世界而至西北黄土荒原,一切看来

---

① 冯丽:《踏歌向西——西安交通大学传承与发展西迁精神纪实》,《中国教育报》2018年1月10日。

都显得那么简陋艰苦,而更艰苦的还不止这一点。西迁来的师生多为南方人,对北方的气候、饮食完全不适应,籍贯浙江绍兴的陶文铨院士,当时是一名西迁的学生,他回忆当时"西安气候干燥,刚来时我鼻子出血半年多,吃馒头就像吃药一样不习惯"。西北干燥寒冷的空气,让南方师生不是鼻子流血就是喉燥嘴裂,到了冬天更是冻得手脚皲裂。有随行家属回忆当时的生活,"煤球木炭换成了蜂窝煤。没有鱼虾、梅干菜、雪里蕻,只有北方人不吃的鸡爪、蚕蛹、咸带鱼。三根小葱,二两肉,一把小油菜,九分嫩豆腐赶个早市的新鲜。1元40只鸡蛋,4角一只小公鸡仔,调剂了冬天只有一堆大白菜、青萝卜和山东大葱。"① 在上海吃惯了大米饭的师生们,初来西安时只有杂粮和面食可供选择。据陈学俊教授回忆,当时主食只能吃杂粮,后来每户每月照顾发大米30斤,蔬菜水果很少很贵,鱼虾更是见不到。许多教师在上海的家中已经用上了管道煤气,在西安他们却要自己动手烧煤炉,亲手做煤块。因为没有打煤球的设备,教师们只能用土和煤搅在一起拍成煤饼,晒干后烧着用,打一次煤饼就得用一天时间,一个月难得的四个星期大休息日,就得用去一个解决家里的燃料问题。② 当时西安商品交易不发达,生活用品不足,日常所需只能到市内的一条主干道上去买,交通不便进出城很不方便,有些时候连牙膏、牙刷之类的日用品也得从上海带来。总之,西安与上海悬殊的物质生活差距,难以融合的文化和精神层面的隔阂,都让这些西迁的师生们感到了巨大的落差。但是,他们为祖国建设和集体事业奋斗的决心和激情,把困难化作了"以苦为乐"的坚持,大家在困境之中依然精神振奋,心里向往的,更多的是大西北的开发建设和新中国的美好未来。

---

① 夏坚德:《阿拉从上海来》,《延河》2016年第4期,第130—132页。
② 祝玉琴主编:《交大西迁回忆录》,西安交通大学出版社2001年版。

2. 吴侬软语满街喧,何必忆江南

与交大西迁同载史册的,是一群具有家国情怀的"西迁人"群体,他们之中有著名的教授,也有讲师、助教、管理员、技术员,还有炊事员、理发师、花工等后勤服务人员,甚至包括酱菜厂、理发店、煤球厂的普通工人。西迁先辈们,有人把上海的洋房卖掉,或捐献给国家,举家西迁;有的辞别久病的父母家人,只身踏上西迁的征程;有的更和妻儿两地分隔,一生未得团圆。今天,翻看2001年编写的《交通大学西迁回忆录》,一页页的点滴记录,往往是一个人、一个家庭甚至一个家族的命运变迁,多少人生的酸甜苦辣悲欢离合,在西迁前后的日日夜夜不停地上演。但大家仍坚持用自己的行动铸就着足以彪炳史册的"西迁精神",对自己的选择从不后悔,字里行间更多的反而是激情燃烧的乐观积极,把人生最宝贵的年华无悔地奉献给祖国和人民,奉献给了渭水之滨的这片黄土地,可以说,交大每位"西迁人"的经历,都是一部感人的传奇史。

"中国电机之父"钟兆琳,20世纪30年代就已担任久负盛名的电机系主任,作为校务委员的他,是交大西迁最坚定的支持者。当时他已经65岁,是西迁教授中年纪最大的,妻子又正卧病在床,本来周恩来总理提出,钟兆琳先生年龄较大,身体不好,夫人又病卧在床,他可以留在上海,不去西安新校。何况当时交大已决定分设西安和上海两个部分,他要留教上海合情合理。但钟兆琳教授表示:"上海经过许多年发展,西安无法和上海相比,正因为这样,我们要到西安办校扎根,献身于开发共和国的西部","共和国的西部像当年的美国西部一样需要开发,如果从交大本身讲,从个人生活条件讲,或者留在上海有某种好处。但从国家考虑,应当迁到西安,当初校务委员会开会表决,我是举手赞成了的,大学教师是高层的知识分子,决不能失信于人,失信于西北人民。"为此,他踊跃报名,时刻教导学生和青年教师要树立以身报国、献身西北的理想,并作为第一批西迁师生员工到了西安。他的表率作用，鼓舞激励了电机系和交大的许多教师、学生，坚定了大家的西迁信念，为交大的成功西迁作出了贡献。有交大老师回忆："迁校时，许多上海教师对上海有感情，不愿离开上海，但看到解放前夕曾拒绝了美国和台湾当局的邀请而坚持留在上海的钟先生积极倡导响应党的号召到西安，并第一批别妻离子离开上海，我们也没得说了。"学校刚迁到西安之际，条件十分简陋，校园一逢下雨泥泞不堪，生活条件极为艰苦，比之上海不啻天壤，钟兆琳教授夫人因病留住上海，两个儿子一个在沈阳，一个下放河北农村，两个女儿随母亲留在上海，他自己孤身一人远赴西安，年近花甲又患多种慢性疾病，生活很是艰辛，但却依旧意气风发专心工作，迎难而上建立了全国高校中第一个电机制造实验室。①

著名热能动力工程学家陈学俊院士，当时是交大最年轻的教授，坚决拥护交大全部迁往西安。他认为交通大学迁校，不仅是交通大学一所学校的问题，还直接关系到院系调整和沿海支援内地，关系到整个国家的发展战略布局。在多次讨论迁校问题的大会上，他带头表态拥护交大西迁，把满腔热情投入到迁校的动员工作中，在时任动力系主任朱麟五教授和他的共同努力下，动力机械系成为全校唯一全迁西安的系。1957年9月，陈学俊夫妇带着四个孩子乘坐第一批专列由上海前往西安，临行前，他将自己位于上海繁华地段的两间住房交给上海市房管部门。因为"既然去西安扎根西北黄土地，就不要再为房子而有所牵挂，钱是身外之物，不值得去计较"②。其高风亮节令人肃然起敬。迁校初期条件艰苦，校园四周遍布荒郊野地，教职工开会坐在四面透风的竹棚大礼堂里，冬天的大教室仅靠一个小煤炉防寒，野草丛中鼠兔乱窜，入夜闭门间有狼嚎。陈学俊面对困难豪

---

① 中国科学技术协会编：《中国科学技术专家传略：工程技术编（机械卷1）》，1996年，第77—78页。

② 祝玉琴主编，《交大西迁回忆录》，西安交通大学出版社2001年版，第8页。

气更增，远眺秦岭写下《迁校有感》一首以抒己怀：

"秦岭一片白云飘，关中平原真富饶，周秦汉唐是古都，工业重镇在今朝；

交大西迁任务重，西安建校热情高，文教适应工农业，经济建设进高潮。"①

正是在这种奉献拼搏的壮志豪情鼓舞下，陈学俊和迁校先驱们克服水土不服、缺少鱼虾大米蔬果等生活难题，硬是在一片荒原上共同建设出一个堪称当时全国一流的崭新校园。1960年，当原任动力系主任回上海时，陈学俊接任了系主任工作。当时国家有政策规定：在西安工作几年后可回上海工作，但他却牢牢扎根在大西北，一待就是一辈子，为国家培养出无数动力工业领域的骨干力量。

一级教授陈大燮，是我国著名的热工专家，他认定只有中国共产党能够振兴中华，在新中国成立前夕坚决留在大陆，此后更逐步加深了对党的认识，也加深了对党、对社会主义的热爱，积极拥护党的各项方针、政策，在上海时曾两次受到毛泽东主席的亲切接见。西迁决定作出后，他无条件地服从中央决定，并为迁校做了许多宣传动员工作，说服大家考虑问题应从国家大局出发，不能只顾个人得失，并毅然首批赴西安参加建校。迁校时，他卖掉了在上海的房产，和夫人一起把家搬到了西安，为建设和发展西安交大呕心沥血，为国家培育了一批又一批技术骨干。

数学系教授张鸿担任学校副教务长，西迁时，他以副教务长和基础课教授的双重身份，参加并主持了第一批西迁的一、二年级学生的教学领导

---

① 吕扬：《学界旗帜　后辈楷模——追忆著名能源动力科学家、西安交通大学陈学俊院士》，《陕西日报》2017年7月9日。

工作，做了大量耐心、细致的思想动员，保证了西迁工作的顺利进行，他引导大家从社会主义建设的战略高度来认识迁校问题，提出"西北是祖国强大的工业基地，迫切需要一个专业齐全、力量强大的学校为她服务，因此应该争取交大西迁，来支援祖国的社会主义建设"。不久他就带着身体患病的妻子和年幼的女儿，带头来到西安投入紧张繁重的建校工作。那时在交大校园，人们常常会看到下班半小时后，他才离开办公室，拎着饭盒走进食堂。面对主讲教师严重不足的困难，已经多年忙于行政而离开讲台的他，重新拿起教鞭主讲高等数学，在教学第一线上拼搏。[①]

我国自动控制与电子工程领域的奠基者沈尚贤先生，迁校之时旗帜鲜明坚决拥护，并身体力行，对电力系大部分中青年教师顺利迁到西安起到很大作用。他还亲自动员同校工作的胞妹沈德贤和妹夫陈国光放弃上海优越生活条件来西安任教。当时学校考虑到家庭因素，已确定沈德贤无须西迁，但沈德贤不但自己主动要求去西安，还动员陈国光放弃上海优厚的工作条件，一同把家搬到了西安，斗志昂扬地投身祖国西部建设，成为西部开发的先行者。2009年，为纪念沈尚贤教授一百周年诞辰，江泽民同志特地为曾经的恩师题词："举家西迁高风尚，电子领域乃前贤。"词中歌颂的正是这一段感人的历史往事。

和以上教授一样，同样富有家国情怀献身西北建设的交大老师，可以说是数不胜数，他们视国家和人民的需要高于一切，排除一切困难，放弃了上海优越的生活工作条件，来到当时还比较艰苦的西安，立志为建设祖国大西北做贡献。力学专家唐照千教授，当时他的母亲已经50多岁，在苏州有一套很不错的宅院，但接到迁校令之后，他义无反顾地带着一家人迁往西安。机械工程学家顾崇衔教授，为西迁放弃了用三根金条在上海买的

[①] 翟博：《交大西迁——献给交通大学建校100周年暨迁校40周年》，载《世纪的呼唤——翟博报告文学通讯集》，新华出版社1997年版，第159—160页。

房子，举家西迁，他的夫人本是上海著名的妇科医生，也毅然随之来到西安，在西安东郊某厂当了一名普通的厂医。自动化和系统工程专家万百五教授，西迁时刚满 30 岁，作为家中独子，他毅然告别了上海年迈的父亲，和妻子怀着敬业和奉献精神随学校西迁，前往施展自己才华的新天地，并主持了西安交通大学自动控制专业的建立及日常教研工作。西迁的校工中，当时最年长的是 66 岁的沈云扉先生，他本是旧上海的名医，曾开办医院、创建医校。1922 年受聘为南洋公学校医后，从此将命运和交大紧密相连。得知迁校消息后，沈先生当即表示交大在哪他就去哪，再三婉拒校领导的照顾，和侄儿沈伯参一同举家随校西迁，同为医师的沈伯参不仅自己随校西迁，还将在上海的私宅无偿提供给学校，作为驻沪办事处。①

一些交大家庭，还因为西迁而两地分隔，化作了牛郎织女常年彼此思念。褚家麟教授的夫人是上海某单位技术骨干，由于事业的需要，褚教授和妻儿只能长期两地分居，直到两人先后病故两地，而为了自己热爱的西安交大，褚教授至死都没有提出过调回上海的要求。陈人亨教授三次都为交大事业放弃与北京的妻子团圆的机会，最后是妻子舍弃北京的优厚条件调往西安，一次在他出差时，妻子突发脑溢血病故，痛失爱妻的陈教授始终认定他的事业在西安交大，一直没有离开这块播撒了自己青春的土地，直至退休。

同样值得尊敬和纪念的，还有交大的那些无畏的年轻学生们，正值十八九岁的美好岁月，他们抱负着家国理想，早已立志服从祖国需要，到西北生根、开花、创业，对即将到来的西迁心驰神往。早在西迁前，一群青春活泼的年轻人，就开始自发地为西迁进行着准备。他们四处了解西安的经济、风土人情，积极锻炼身体增强体质适应新的西北环境，在学校公

---

① 翟博：《交大西迁——献给交通大学建校 100 周年暨迁校 40 周年》，载《世纪的呼唤——翟博报告文学通讯集》，新华出版社 1997 年版，第 161 页。

布迁校决议后，积极响应迅速行动，充满了一种为了国家的富强不顾一切去奋斗的年轻激情。当时的电制 56 班全体同学给时任校长彭康写了一封信："我们已经做好充分的思想准备，迎接困难，和困难作斗争。祖国的需要就是我们的志愿，祖国每一块土地都是我们安家的地方。""国家培养了我们，需要我们去哪里，我们就去哪里"，彰显着那个火红年代胸怀大局、心有大我的年轻人的精神面貌。①

"西迁人"群体还包括那些无名的随迁家属，他们中有深明大义的年迈父母，有默默支持的教师配偶，有牺牲奉献的随行子女，每一个伟大的事迹背后，都有着家属们提供的强大精神动力。当时很多教师的配偶在医院工作，迁到西安后，学校医务室水平和条件较差，她们多被安排在城内各大医院工作。为了家庭工作两不误，她们长年累月早出晚归，在交通不便的校区和市内往返来回，付出了极大的个人牺牲。学校校区初建时，地址相对偏僻，教职工的孩子们读书不便，往往只能坐老乡的牛车甚至粪车来回。万百五教授是家中独子，西迁后上海的家中只剩下老父亲一人，他的两个孩子出生后，就送到上海交给家里照管，上海的爷孙们就这样互相照顾着生活，先是爷爷照顾孩子，后来孙子大了一些，又照顾爷爷。周龙保夫妇刚来西安时，两个孩子都小，当时西安供应紧张，为了让西安的两个孙儿吃到白糖，远在上海的奶奶把每天早晨买粢饭团时夹的白糖，一点点剥出来，用纸包好，积攒起来，托人带到西安送给孙子吃。在西迁的交大人中，像他们这样的故事还有很多很多，这一个个闪光的名字永远镌刻在了交大西迁的史册上，也镌刻在后人的心中。他们扔下个人的小家来到西安，想的、为的是祖国的大家庭，这就是那一代西迁知识分子的人生境

---

① 贾箭鸣编著：《交通大学西迁：使命、抉择与挑战》，西安交通大学出版社 2015 年版，第 38 页。

界和崇高追求。①

大树西迁，立足唯艰，虽然经历了无数困难，数以千计的交大人没有退缩，在第一批"西迁人"进驻西安新校区后，人们陆陆续续迁入，至1957年底，大部分专业系科和师资迁入西安新校。西安部分由11个系合并为9个系，23个专业；教职工总数2585人，其中校本部教职工2413人，教师1083人（含教授44人，副教授30人，讲师111人）；在校学生6881人，其中研究生17人。在紧张的迁校、建校过程中，教学、科研有序进行，学校各项工作获得新的发展。至1958年暑假，74%的图书资料，大部分仪器设备，全部历史档案，相继运抵西安，全校70%以上的教师，1954、1955级80%以上的学生，1956年入校的全体学生，都已经生活在西安新校区，而后续师生仍不断迁来。一株在黄浦江滨生长了整整60年的大树，就这样在大西北的黄土高原深深地扎下根来，同样参天葳蕤，更加枝繁叶茂。到1959年7月，国务院作出新的决定，交通大学西安、上海两部分单独成校，分别命名为西安交通大学、上海交通大学。交通大学这棵在上海生活了60年的大树，经过西迁之后，很快生根、开花、结果，一个在西安这片荒芜的黄土地上，白手起家。一个留在上海滩，自力更生。各自结出了骄人的硕果。

1957年，沈云扉先生填写《忆江南》，抒发在黄土高原上的感受，其中最后一令是："长安好！建设待支援，十万健儿湖海气，吴侬软语满街喧，何必忆江南！"②古都西安的语言版图上，出现了一个操着吴侬软语的上海村落，进入交大校区家属院，到处可以听得到"侬、伊、阿拉"的言语，"阿拉上海人"，成为一大批"西迁人"的共同记忆，至今，他们和自己的后代，

---

① 翟博：《交大西迁——献给交通大学建校100周年暨迁校40周年》，载《世纪的呼唤——翟博报告文学通讯集》，新华出版社1997年版，第160—161页。

② 祝玉琴主编：《交大西迁回忆录》，西安交通大学出版社2001年版，第100页。

仍保留着家乡的习俗，闲暇之时做做上海菜吃吃家乡味，回忆自己远在黄浦江边的那个家。就是这样一群来自江南水乡的东南士子，硬是在生活上克服了无数不适与困难，适应变化，在西北的黄土地上扎下了根茎。遍寻资料，西迁先辈们说得最多的是"党让我们去哪里，我们背上行囊就去哪里"。他们牺牲的是原有的个人发展规划和家庭的团聚，绘就的是交大人"胸怀大局，无私奉献，弘扬传统，艰苦创业"的壮丽诗篇。正如习近平总书记所说，"我国知识分子历来有浓厚的家国情怀，有强烈的社会责任感，重道义、勇担当。一代又一代知识分子为我国革命、建设、改革事业贡献智慧和力量，有的甚至献出宝贵生命，留下了可歌可泣的事迹。"[①]"西迁人"这一群体，正是中国知识分子一心为国、不计得失的家国情怀的集中体现。

二、哪里有事业，哪里有爱，哪里就是家

"凤凰鸣矣，于彼高冈；梧桐生矣，于彼朝阳。"在西安交通大学的校园里，高大挺拔的梧桐树是校园的一道亮丽的风景，而这些梧桐树的栽种，甚至可以追溯到建校之初。学校自建设伊始，时任校长彭康就很重视校园环境建设，甚至有许多园林花木都是直接从上海运至西安的。如今的梧桐道起初栽植的是柳树，后来为了适应主干道绿化需求，就全部改植生长快、树形美观的梧桐树。此后的校园绿化建设也继承了这一传统，交大校园成为名副其实的花园式校园。

而在 63 年前，这里还是一眼望不到边的麦田和荒原。

---

① 新华网：《爱国，奋斗，建功立业！习近平＠知识分子》，http://www.xinhuanet.com/politics/xxjxs/2018-08/02/c_129925001.htm，2018 年 8 月 2 日。

1. 筚路蓝缕　以启校园

1955年5月,几经踏勘,交大在西安和平门外东南近郊的一片麦海里选定了校址。后经考证,新校址坐落在唐代都城长安长乐坊遗址上,与对面著名的唐代兴庆宫遗址和龙池遗址隔路相望。当地群众听说要从上海迁来一所知名大学,都欢欣鼓舞,在陕西省、西安市各级政府以及西安人民的热情支持下,迁校工作获得了顺利进行。从局促拥挤的上海徐家汇,迁入广阔天地的西北黄土塬,"西迁人"开始规划起了心目中的未来校园。定址不久,校园基建工程正式开始,工期很紧,基本是边设计边施工。为不耽误来年开学,交通大学把基建科全部搬到西安,工作人员就住在工地的工棚里。据当时参加建设的基建科科长王则茂回忆说:"那年冬天特别冷,经常风雪交加,地面积雪盈尺,气温低达零下15℃。施工组的同志们住在工棚,与工人同吃同住,同甘共苦,没有什么人叫苦,没有任何埋怨。大家从不考虑个人,只有一个共同目标,就是完成迁校任务,支援大西北。"①当时工地上有2700名工人在劳动,最多的时候达4000多名,他们没日没夜地竞赛苦干,每天晚上加班,过春节也只休息三天,大年初四就开始照常施工。他们住在竹竿搭建,上披茅草,墙面用竹笆围起来再抹上泥浆的草棚里,睡在青砖铺过的地上,上面再铺上竹笆和茅草,秋季下起连阴雨,潮湿的地面睡得工人身上直起疹子。虽然条件艰苦,但是大家都精神饱满,干劲十足,"我们是为西北工业基地兴建工业大学的!"工人师傅们经常骄傲地说起,更喊出"以建交大为荣,以吃苦为乐"的口号,以战斗的姿态投入到交大建设中来。②

---

① 贾箭鸣编著:《交通大学西迁:使命、抉择与挑战》,西安交通大学出版社2015年版,第23—24页。

② 贾箭鸣编著:《交通大学西迁:使命、抉择与挑战》,西安交通大学出版社2015年版,第39页。

1956 年 9 月 10 日，在西安人民大厦礼堂，学校隆重举行了在古城西安的第一个开学典礼。当时的学校虽粗具规模，可以保证基本的学习生活，但因为还在建设中，看上去就像是一个乡野之中喧闹的大工地，到处是机器轰鸣和尘土飞扬。有校友回忆，"校园当时是在一片农田和坟地上建起来的，我们上课时整天可以看到从地里挖出来的棺材板、死人的衣服、骨头和头发。"① "学校还没有正门，时值初秋，沙坡村庄稼已收割完，坟堆纵横，尽是荒凉；校园的梧桐、樱花、草皮都需要从南方移植过来；食堂是暂由几个柱子支撑、外面裹着塑料布、临时搭建的小棚。"② 就是在这个嘈杂繁忙的大工地上，在建校资金并不优裕的情况下，本着"学校所有工作是为了学生"的优先考虑，学校首先建成了气势恢宏设施先进的图书馆、教学楼、实验室、学生宿舍，为交大师生创造了良好的生活和学习环境。没有大礼堂，学校专门从南方请来能工巧匠，用竹子盖起了一座能容纳 5000 人的"竹子大礼堂"，礼堂没有椅子，只有一条条每条可坐七八人的长凳，这里见证了西迁初期学校蓬勃发展的每一次重大活动，好多年过去了，西迁人还总能回忆起当年的每个白天和晚上，在竹棚里度过难忘的岁月。

西迁中的交大后勤职工，同样付出了艰辛的劳动。1956 年 4 月到 8 月，200 节车皮的仪器设备、400 节车皮的行李家具陆续通过陇海线运往西安。各个实验室的师傅们和各专业教师一起动手把每一台设备、每一个零部件、每一个螺丝钉都油封好、包装好，运到西安立即安装调试，从上海运来的 1400 台机器，没有一台受损失。当时的西安马路坑坑洼洼，有的地方根本不能行车只能步行；有的地方没有路灯，遇到雨天，从火车西站到交大免不了跌几次跤，弄得浑身是泥。在迁校的日日夜夜里，紧张时，一天从上

---

① 李清川:《中国知名大学校长访谈录》，中国文联出版社 2005 年版，第 61 页。
② 王东文、张丹华:《赤子之心写华章——记西安交通大学"西迁人"》，人民网，http://politics.people.com.cn/n1/2018/0127/c1001-297790208.html。

海到货少则三趟，多则五趟。有时通宵不得休息，最紧张时后勤职工三天三夜没合过眼，坚持清点搬运货物，甚至累晕在工作现场。① 迁校时最年轻的16岁的总务职工赵保林，对当年的一幕幕记忆犹新，他回忆道："当时没有机械化装卸设备，基本上都是用肩扛背扛完成的。如果是平地还好，就怕上又窄又高的楼梯，像无线电系一些精密仪器设备，比较贵重，不能碰撞，虽只有五六百斤，但要搬上三楼，难度不小。我们就两个人扛，两个人拉，喊着号子齐力搬上楼。我们班同志工作热情很高，也很团结，遇到特殊任务，大家虽有争论，一旦确定方案，坚决执行，毫不马虎。毫无怨言，一心只想把交大迁好、建好"。②

率领交大师生迁校的校长彭康，是为广大师生所敬仰的一位老校长。在交大西迁过程中，他为了妥善处理迁校问题，不知熬过了多少个不眠夜。西迁教职员工往往拖家带口，这就牵涉到配偶的工作调动和子女的入学问题。彭校长深知，这些问题解决得不好，教职工将难以安心在西安工作和安家落户。在他的努力下，学校在各相关部门的支持协助下，妥善解决了教职工家属的工作调动问题，兴办了高质量的附中、附小、幼儿园，还从上海动员迁来了成衣、修鞋、理发、洗染、煤球制作等生活服务部门，使师生员工和家属生活免予后顾之忧。正如迁校老教师卢烈英教授所言，"当年放弃个人生活优厚待遇的教授和先生们是英雄，为交大迁校默默奉献的建设者们更是英雄。"正是在这些无名英雄们的艰苦奋斗下，短短两年时间，一座崭新的高等学府就已初步建成，从此屹立于西北大地之上造福一方。

---

① 西安交通大学校史与大学文化研究中心：《交通大学西迁亲历者口述史2》，西安交通大学出版社2016年版，第338—341页。

② 竹前主编：《交大之树常青》，西安交通大学出版社2006年版，第95页。

2. 脚踏黄土　弦歌不辍

交大西迁与西安建设是段很艰苦的过程。交大刚迁到西安时，粮食供应紧张，教职工每人每月定粮就只有 30 斤，每餐凭菜证限买一个菜，但即便条件如此，很多青年教师还是会看书、备课到深夜。正因为大家都怀着这种坚守岗位、无私奉献的态度和精神，使交大西迁各项事务井井有条，在新校区尚未建成、物质条件极差的情况下，交大人硬是凭着一腔热血，打开了工作的新局面。没有因为迁校而迟开一天学，没有因为迁校而少开一门课，也没有因为迁校而耽误原定的教学实验。当年的交大校园，教职员工忘我拼搏、苦干实干蔚然成风，交大人在承担极其繁重的迁校任务的同时，没有放松对学生的培养，没有放松对青年教师的提高，更没有放松对科学技术的研究。[①]

踊跃西迁的朱城先生，在新校区创办工程力学专业，他查阅国外的大量相关资料，还广泛征询了国内力学界、工程界人士的意见，为制订工程力学专业教学计划付出了大量心血。除了吃饭睡觉，他全身心投入到新专业的兴办和发展上，家里也支着黑板。授课之余，他抓紧时间编写急需的讲义教材，其编著的《材料力学》内容深广，论述严密，被誉为中国的"铁氏材力"，与美国力学家铁木辛柯享誉世界的名著《材料力学》齐名，后被教育部选定为通用教材。迁校之初，朱先生已身患疾病，身体不好，但仍日以继夜地制订教学计划，编撰教材讲义，还要去北京大学讲学，由于长期超负荷工作，终于累倒在岗位上，英年早逝，年仅 39 岁。

孤身西迁的钟兆琳教授年过花甲，每天和青年教师吃集体食堂，就是在这么艰苦的条件下，他仍第一个到教室给学生上课。当时实验室还没有建好，西安也难找到一个像样的电机厂，作为系主任的钟教授事必躬亲，

---

① 成进主编：《耄耋回望青春》（上），西安交通大学出版社 2016 年版，第 29 页。

解决一个个困难，在一片空地上建起电机实验室，使西安交大的电机系迅速走上了发展的轨道，又逐渐成为国内基础雄厚，条件较好，规模较大，设备日臻完善的电机系。西迁后他仍时时教导学生立志献身开发大西北，退休后还不辞辛苦前往新疆和甘肃等地考察，在家开班辅导青年教师提高英语水平。陈大燮教授在担任副校长后仍坚持走上讲台一线教学，数十年孜孜不倦，留下数以百万字的科学专著、教学资料等，他创建的热工教学团队几十年一直是国家级优秀教学团队。两位令人尊敬的老先生是一生的挚友和棋友，晚年生活朴素却又热心公益，临终前都将自己一生积蓄捐赠给学校，西安交大以此设立了"钟兆琳奖学金"和"陈大燮奖学金"，用以奖励品学兼优的学生。①

陈学俊教授执教66年中，听过他的课的大学生有2500多名，他们中的绝大多数已经成为我国动力工业领域的骨干力量，不少人成为有重要贡献的专家、教授，有6人更成为两院院士。陈教授一生简朴甘于清贫，家中书报之外更无长物，自言人生有三乐："知足常乐、助人为乐、自得其乐。做到这三点，人就会长寿。"还将自己的陋室命名为"三乐居"以自勉。就是这样一位生活朴素的老人，热心捐资助学。1996年，他将获得的何梁何利基金科学与技术进步奖的10万元奖金，分赠给了安康希望工程和西安交通大学，设立研究生奖学金。2006年，他又在学院内设"陈学俊优秀奖学金"，2016年，西安交大120周年校庆之际，陈学俊再次向学校捐款20万元，助力青年学子的培养。②

著名力学专家唐照千教授，在振动力学、板壳理论、断裂力学、实验力学模态分析及时间序列分析的应用等研究中作出了重要贡献。他自

---

① 成进主编：《耄耋回望青春》（上），西安交通大学出版社2016年版，第300—303页。
② 刘昱舍、张行勇：《工程强国梦，一世西部情——记我国著名能源动力科学家、西安交通大学原副校长陈学俊》，《陕西科技报》2017年7月7日。

己出身名门，父亲生前为全国政协委员，长兄为全国政协委员、香港工商总会副会长，二兄系美国明尼苏达大学物理教授，两弟一妹均在香港工作，而他本人却始终扎根在大西北，历经风雨坎坷不改报国初心，把个人得失置之度外，只要一息尚存就要为祖国和人民多做一些工作。80年代初他赴美工作结束后，毫不迟疑及时回国，并把其兄送他买小汽车的钱买了大量国外书籍、科技资料带回西安交大，积极关心学校的建设和发展。即使在重病之中，他仍未停止科研和教学工作，在眼睛失明的情况下，还口述并请他妻子代笔撰写论文、书稿，一直工作到生命的最后一息。

顾崇衔教授是交通大学首批内迁西安的教授之一，长期在西安交通大学机械工程系从事科研和教学工作，在机械制造研究领域取得了卓越的成就。创始于1913年的机械学科是交大的传统优势学科，迁往西安后，虽然地处内地不利环境，但机械学科发展一直保持着发展的强劲势头，顾崇衔教授这样一批老交大人的传帮带作用功不可没。他还一贯坚持教学与科研并重，并都倾注了大量心血，68岁才退下本科生讲台，主编的高校通用教材《机械制造工艺学》曾获国家优秀教材一等奖，如今仍被高校广泛采用。

时光荏苒，转眼间60多年过去了，如今的西安交大，已经建成鸟语花香的美丽校园，成为人才培养的摇篮，成为为国民经济作贡献的科研基地，成为和国际上近百所大学和科研机构进行学术交流的著名学府。大学之道，在于立德树人，在于培育英才。交大西迁最珍贵的是迁来了一批有思想有大爱之人，他们不仅在西迁历史中作出巨大贡献，更成为西安交大学子们的治学标杆，那种兢兢业业、忘我工作的无私奉献精神，始终保留在了全体教职工身上。伴随着第一批"西迁人"润物无声的感染与影响，越来越多的西安交大人沿着先辈的足迹，步履铿锵，足音响亮。迁校以来，西安交大累计培养了26万多名大学毕业生，40%以上工作在西部，如今，他们广泛分布在各个领域,成为西部社会发展的中坚力量。西迁以来培养的 33 位院士,有近一半在西部工作,奠定了西部工业发展必需的高等教育基础,打造了中国西部首屈一指的科教高地。

三、始终与党和国家的发展同向同行

向西而安,枝叶擎天,老树新枝,弦歌不辍。60 多年来,斗转星移,始终秉承"国家至上、民族至上、人民至上"的家国情怀,到祖国最需要的地方建功立业,是一代代交大人不变的底色。60 多年来,一代代有志学子,继承前人"胸怀大局、无私奉献、弘扬传统、艰苦创业"的"西迁精神",安居西北土塬,扎根渭水之滨,始终以民族复兴为己任,与党和国家的发展同向同行,在西北的黄土地上创造了一个又一个发展的奇迹,成为我国在调整高等教育战略布局方面的一个成功范例。

光阴荏苒,沧海桑田,当年的老一辈"西迁人",很多人都已长眠于为之奋斗过的黄土地。他们曾有过各种各样的机会返回上海,或者去沿海发达城市、甚至国外工作,但他们最终仍是难以割舍这片热土,这块奉献了自己青春和热血的黄土地。为了祖国的西北建设,交大人奉献了一代又一代知识分子的情怀,奉献了一代又一代建设者的辛劳,献完了青春又接着献子孙,现在,很多"西迁人"的第二代、第三代,又陆续加入到了建设交大、奉献西部的队伍中来了。今天的西安,生活与明珠上海相比仍有着较大的差别,虽然也有过牢骚和不平,但对于自己的选择,西迁人仍是充满了无比的自豪,追忆奋斗岁月,他们无悔青春。"那时的人不谈生活享受,考虑的是要胸怀大局,要从国家利益考虑,为大局着想。"刘静华教授说起当时的情形,没有一句怨言,反而更多的是感激之情,感激学校对科研教育工作的全力支持。①朱继洲教授谈起往事，"现在，有些年轻人问我，你们西迁过来的那代人牺牲了好多的幸福，你们后悔吗？我可以肯定地说，我们无私奉献、无怨无悔。我们确实牺牲了许多物质方面的幸福生活，但我们培养了那么多的人才，在这片黄土地上建成了一所这么好的大学，我们以国家利益为前提，我们的无私奉献换来了辉煌的成绩，内心是安慰的。"②60多年前的这场大迁徙，改变了"西迁人"几代人的人生轨迹和命运，通过老一辈"西迁人"的身体力行，爱国奉献的精神已经深深影响到了西迁的第二代、第三代，并将在交大校园里不断传承下去，因为无论时代怎样变迁，"国家至上，为国献身"的精神永远不会过时，爱国奉献的情怀和艰苦奋斗的精神永远不能丢。在老一辈"西迁人"的精神感召下，越来越多的青年饱含爱国情怀，奋斗在西部，报效国家。

著名工程热物理学家陶文铨院士，当年作为学生一员来到西安，之后留校任教，现在已经扎根交大60余载，桃李遍布天下。令他深感骄傲的是，自己培养的100多名硕士、博士生如今大多数在国内工作，为国家建设建功立业。陶院士年届八旬，仍然长期坚持在本科生教学第一线，每晚在办公室为青年学生答疑解惑。这些每天工作到深夜的西安交大教授，甚至形成了交大校园独有的"711"现象，即每周工作7天，每天工作11小时；早晨7点开始工作，晚上11点下班回家。他们在用实际行动传承和发扬着西迁精神，续写西安交大创新育人新篇章③。

西安交大电子与信息工程学院院长管晓宏，2017年当选了中国科学院院士。1995年，公派留学归国的他婉拒了提供更多优厚条件的多所东部高校的邀请，毅然选择回到当时生活和科研条件仍较为落后的原单位西

---

① 邓燕玲：《笃定西行志，一路壮歌行》，《中国老年报》2018年1月30日。
② 朱继洲等编：《西迁精神研讨会文集——庆祝西安交通大学建校110周年暨交通大学迁校50周年》，2006年，第19页。
③ 柯昌万：《凤鸣高岗》，《中国教育报》2016年4月7日。

安交大，从事系统工程理论与应用研究。提起当年的抉择，管教授坦言，"我所在的系统工程研究所，领导和老教师大部分都是西迁来的。胡保生、万百五等老教授严谨、勤奋的治学态度对我影响很深。"正是老一辈"西迁人"的爱国奉献精神，感召着自己选择回到西安交大，为西部教育培养更多高端人才。①

绝缘中心副教授刘文凤，是一名"80后"年轻教授，西安交大博士毕业后留校任教。她参与研制出了对环境无害的无铅压电材料锆钛酸钡钙，为无铅材料实际应用提供了一种可能，曾先后在国际期刊发表学术论文34篇，学术论文被SCI引用1100次。从刚进入交大到现在，时光斗转星移，但除了身份从学生转变为老师之外，刘文凤一如往昔初心不改，扎根西北建功立业。她说："我家在天津，但觉得西部更需要我，自己施展才华的空间也更大。上学的时候，就经常听陈学俊院士、彭康校长等老一辈西迁教授的故事，耳濡目染，慢慢培养出一种归属感。"②

站在新的历史起点上，西安交大深度融入国家建设发展，始终与党和国家的发展同向同行。新时代召唤新使命，站在新的历史起点上，新一代交大人发出"扎根西部、服务国家、世界一流"的铿锵誓言。2014年，西安交大正式开启中国西部科技创新港的建设，在西咸新区沣西新城的渭河之滨，一个庞大的建筑群正在拔地而起，2020年全面投入使用后，这里将成为世界级科技中心、国家级科技成果研发转换平台，为国家的西部发展提供新的智慧引擎。2015年，西安交大发起成立了"丝绸之路经济带大学联盟"，并举办联盟首届高校校长论坛、丝绸之路教育展暨留学生文化节、大学联盟高校对接与交流等一系列活动，本着"团结互信、平等互利、包

---

① 史瑞琼、张琢悦：《"西迁精神"的由来与内涵》，《人民政协报》2018年2月8日。
② 王乐文、张丹华：《赤子之心写华章——记西安交通大学"西迁人"》，人民网，http://politics.people.com.cn/n1/2018/0127/c1001-29790208.html，2018年1月27日。

容互鉴、合作共赢"的理念，以"共建教育合作平台，推进区域开放发展"为主题，推动丝绸之路经济带沿线国家和地区大学之间合作，增进青少年之间的了解与友谊，培养具有国际视野的高素质、复合型人才，构筑西部人才高地，为国家"一带一路"建设提供人才保障与智力支持。2017年9月，教育部、财政部、国家发展改革委公布的"双一流"建设高校及建设学科名单中，西安交大入选全国36所世界一流大学A类建设高校。同时，力学、机械工程、材料科学与工程等8个学科入选世界一流建设学科。2018年1月，国家科学技术奖励大会上，西安交通大学主持的7个项目获得国家科学技术奖。在国家自然科学奖、国家技术发明奖、国家科学技术进步奖获奖数量方面，西安交大位居全国高校第二名。

如今的西安交大，不仅是重要的人才库、智力库，更是西部地区位居前列的科教高地。在实现"两个一百年"奋斗目标、实现中华民族伟大复兴中国梦的历史进程中，西安交大全体师生，更要秉承西迁精神，"传承西迁，吾辈为先"，自觉担当建功立业的责任，努力争取世界高度，不辱时代使命，做好新时代的奋斗者，把服务国家、建功立业作为自己青春奋斗的远大理想，不断奋斗，不断前进。

四、结语

回顾历史，是为了更好地前行。西迁时意气风发的交大师生们，如今健在者多已鬓角含霜、白发苍苍，他们服务于国家西北建设大局，在那个激情燃烧的岁月，书写了各自的人生传奇，也书写了一段以身许国的感人历史。他们铸就的西迁精神，是我们民族宝贵的精神财产，是对国家和民族未来的担当和奉献，这种精神不仅创造了西安交通大学辉煌的历史，也激励着今天的年轻一代勇于担当、践行使命。

2017年11月30日,在党的十九大胜利召开之际,西安交大的师生们倍感振奋,史维祥等15位交大西迁老教授难掩激动,决定给习近平总书记写一封信,汇报学习党的十九大精神的体会和弘扬奉献报国精神的建议。

12月,习近平总书记作出重要指示,向当年响应国家号召、献身大西北建设的交大老同志们致以崇高的敬意,祝大家健康长寿、晚年幸福。也希望西安交大师生传承好"西迁精神",为西部发展、国家建设奉献智慧和力量。

2018年新年前夕,习近平总书记在新年贺词中再次提到了"西安交大西迁的老教授,他们的故事让我深受感动"。

2018年7月31日,中共中央组织部、中共中央宣传部印发通知,对在广大知识分子中深入开展"弘扬爱国奋斗精神、建功立业新时代"活动作出部署。其中特意提到了西安交通大学"西迁人"为代表的老一辈知识分子"党让我们去哪里,我们背上行囊就去哪里""始终与党和国家的发展同向同行"的家国情怀和奉献精神。

总书记的重要指示是对交大"西迁精神"的肯定,也是对全国知识分子的殷殷期许。作为新时代知识分子的一员,应当时刻牢记习近平总书记的要求,胸怀大局,以爱国奋斗为使命,"以时不我待的紧迫感、舍我其谁的责任感,主动担当,积极作为,刻苦钻研,勤奋工作,为全面建成小康社会、建设世界科技强国作出更大贡献。"①

"西迁人"留给我们的,不只是那座屹立于关中大地蜚声中外的高等学府,他们更将"胸怀大局、无私奉献、弘扬传统、艰苦创业"这16字的"西迁精神"深深厚植在了百年交大的血脉之中,一代又一代的交大学子将青

---

① 新华网:《爱国,奋斗,建功立业!习近平@知识分子》,http://www.xinhuanet.com/politics/xxjxs/2018-08/02/c_129925001.htm,2018年8月2日。

春融入祖国山河,将自身命运与国家命运紧紧联系在一起,薪火相传,历久弥新。今天的中国,新时代中国特色社会主义建设事业蓬勃发展,祖国的各项事业都需要广大知识分子来共同奋斗。时代在召唤,祖国在召唤,大西北在召唤,一切有志于祖国繁荣强盛、民族伟大复兴的青年学子,应该将一腔爱国之情、报国之志融入祖国改革发展的伟大事业之中、融入人民创造历史的伟大奋斗之中,让西迁精神发扬光大,在祖国最需要的地方建功立业,为西北教育事业再创辉煌、区域经济社会发展作出更大的贡献。

心有大我　大局为先[①]

"我是乘坐第一趟'交大支援大西北专列'从上海来到西安的,火车就停在交大后门的徐家汇车站。"85岁的卢烈英教授说,"1956年8月10日那天,车站锣鼓喧天、彩旗飘扬,要登车的师生员工和家属有上千人,送行的也有几百人。"

这是一趟不需要车票的列车,登车人手中的红色乘车证上,赫然印着:"向科学进军,建设大西北!"当年的青春年少,转眼已到耄耋之年。"要说'西迁精神'的内涵,我认为,首要的是胸怀大局、大公无私。"卢烈英说。

"1955年5月,彭康校长向全校公布迁校决议后,各方都积极响应,迅速行动,有的学生还提出了'跑西安'庆贺西迁。"82岁的朱继洲教授回忆道,"我们都是重点工业大学的师生,深谙国情,并未感到太意外,

---

[①] 王乐文、张丹华:《赤子之心写华章—记西安交通大学"西迁人"》,人民网,http://politics.people.com.cn/n1/2018/0127/c1001-29790208.html,2018年1月27日。

很快就掂出其中的千钧分量。"

当时,上海到西安的火车路程全长1509公里。同学们在宿舍挂上绘制的地图或表格,每天统计跑完的路程,比赛看哪个班级先"到达"西安。每天清晨或下午,都有成群结队的男女同学在操场上奔跑。有人统计,全体同学实际跑的路程加起来有80455公里,相当于绕赤道两圈。

等待的一年,学生的心情也越来越激动。电制56班全体同学给时任校长彭康写了一封信:"我们已经做好充分的思想准备,迎接困难,和困难作斗争。祖国的需要就是我们的志愿,祖国每一块土地都是我们安家的地方。"

"我们当时的想法就是,国家培养了我们,需要我们去哪里,我们就去哪里,这很光荣。"84岁的胡奈赛教授说。

国家至上　无私奉献[①]

"中国电机之父"钟兆琳,妻子卧病在床,年近花甲毅然西迁,他不顾周总理提出的留在上海照顾家庭的关照,只身一人踏上了首批西迁的专列。我国热工先驱陈大燮举家西迁,在西安新校慷慨激昂地表示:"我首先要为西安的学生上好课!"青年教授陈学俊,携妻带子全家西迁,他把位于繁华地段的房产交给上海市,一走就是一辈子。沪上名医沈云扉,66岁舍去家业,在西安新校的小诊所里为师生服务了8年。

当时西迁的交大人当中,年龄最小的赵宝林只有16岁,年龄最大的沈云扉已是66岁高龄。1957年,沈云扉填写《忆江南》抒发在黄土高原上的感受,其中最后一令是:长安好!建设待支援,十万健儿湖海气,吴侬软语满街喧,何必忆江南!

1956年4月到8月,200节车皮的仪器设备、400节车皮的行李家具

[①] 柯昌万:《凤鸣高岗》,《中国教育报》2016年4月7日。

陆续碾过陇海路运往西安。各个实验室的师傅们和各专业教师一起动手把每一台设备、每一个零部件、每一个螺丝钉都油封好、包装好,运到西安立即安装调试。从上海运来的1400台机器,没有一台受损失。

"学校所有工作是为了学生"。在建校资金并不优裕的情况下,迁校后落成的图书馆,气势恢宏,设施先进,英国政治家蒙哥马利来校参观时誉为"亚洲一流的图书馆"。没有大礼堂,学校专门从南方请来能工巧匠,用竹子盖起了一座能容纳5000多人的"竹子大礼堂",礼堂没有椅子,只有一条条每条可坐七八人的长凳,却见证了西迁初期学校蓬勃发展的每一次重大活动。

在当年的交大校园,教职员工忘我拼搏、苦干实干蔚然成风。踊跃西迁的朱城先生,创办工程力学专业,除了吃饭睡觉,他全身心投入到新专业的兴办和发展上,家里也支着黑板。授课之余,他抓紧时间编写急需的讲义教材,著成堪与国际大师铁木辛柯相媲美的中国版《材料力学》。钟兆琳教授年过花甲,孤身一人天天吃集体食堂,却第一个到教室给学生上课,并迎难而上建立了全国高校中第一个电机制造实验室。

60年来,在党和政府的亲切关怀下,西安交大继承和发扬"爱国爱校、严谨治学"的优良传统,汲取"艰苦奋斗、奋发图强"的延安精神,扎根西北,再度创业,经过几代人的无私奉献,在祖国西部率先建设世界一流大学,改变了中国西部当时没有一所规模宏大、多科性工业大学的面貌,引领、带动了整个西部地区高等教育事业的蓬勃发展。

弘扬传统 报效人民[①]

"挪一棵大树,如果毁坏了树根,就无法生长,大树就不能成活。交大的优良传统就是这棵大树的根,'弘扬传统'才能使这棵大树枝繁叶茂、

[①] 邓燕玲:《笃定西迁志 一路壮歌行》,《中国老年报》,2018年1月30日。

硕果累累。"胡奈赛教授认为，不管任何时代，爱国奉献的情怀和艰苦奋斗的精神不能丢，她希望将这种精神财富一代一代传承下去，为新时代的发展注入强大的精神动力。

如今，交大学子将"西迁精神"内化于心外化于行，越来越多的青年饱含爱国情怀，奋斗在西部，报效国家。据统计，62年来，西安交大累计培养毕业生25万多人，其中40%以上在西部工作，成为各领域的中坚力量。培养出的33名院士中有近一半在西部工作，奠定了西部工业发展必需的高等教育基础，打造了中国西部首屈一指的科教高地。

在国外从事生物信息学、生物医学文本挖掘研究工作多年的电信学院李辰教授，其领域内科研成果达到国际领先水平，但他毅然回国来到熟悉的西安交大任教。短短几个月后，他带领的团队在国际顶级研究机构参与的数据挖掘大赛中获得佳绩。

2014年获得美国知名院校机械工程专业博士学位的陈小明，义无反顾地来到西安交大就职。很快他就主持了两项国家自然科学基金和一项国家重点实验室青年基金。"我们应该把青春献给祖国最需要的地方，为祖国的建设和发展贡献自己的力量。"他说。

"作为西迁建设的直接受益者和继承者，我从本科入学到现在工作生活在交大，接受了老一辈的言传身教，目睹了西北发展的累累硕果，'西迁精神'已经深深地融入我的灵魂，也让我找到了人生方向。"西安交大理学院青年教授、博士生导师张磊表示，要成为新一批"西迁精神"的践行者。

新时代召唤新使命。站在新的历史起点上，新一代交大人发出"扎根西部、服务国家、世界一流"的铿锵誓言。未来，西安交大将建设中国西部科技创新港，打造集前沿科学研究、高新成果转化、高端人才培养于一体的开放式"智慧学镇"，为西部乃至国家创新发展战略作出应有的贡献。

振兴中华乃我辈之责

黄大年

白雪飘飘的北国，吉林大学地质宫五楼，那扇熟悉的窗户依旧明亮。灯火源自前辈的薪传，永不熄灭，它仿佛向人们诉说着一位新时代知识分子的无悔一生。

　　他是祖国母亲的守护者。海外拼搏十八年，这位"心有大我、至诚报国"的国际知名学者，把个人成就与国家需求紧密结合，塑造出一种超越个人价值以及生命维度的伟大志趣。他身负先进的科学技术本领，心怀赤子的忠贞与深情，毅然从英国剑桥飞回祖国的怀抱。

　　他是科技强国的实践者。回国七年，这位"淡泊名利、甘于奉献"的战略科学家，带领团队填补多项国家空白，占领国际科技竞争制高点，在激烈的世界科技竞争舞台上与国际同行论伯仲、争高下，为国家科技进步赢得了更多时间。

　　他是知识分子的领航者，这位"教书育人、敢为人先"的新时代教育家，全心投入，鞠躬尽瘁。他带出了18名博士，26名硕士，在各领域的交叉团队，达到了500多人。在承揽的多项科研项目中，设置49个课题，集中机构118家，集中的科学家1600多名。

　　他就是著名地球物理学家，国家"千人计划"专家，吉林大学地球探测科学与技术学院教授——黄大年。

　　2018年5月25日，中共中央总书记、国家主席、中央军委主席习近平对黄大年同志先进事迹作出重要指示。他指出，黄大年同志秉持科技报国理想，把为祖国富强、民族振兴、人民幸福贡献力量作为毕生追求，为我国教育科研事业作出了突出贡献。"心有大我，至诚报国"超越了生命的维度，已经成为一种信仰，浸润到这位新时代知识分子的血脉中。黄大年用不朽的生命诠释了奉献精神的时代内涵，树立起知识分子为国奉献的时代楷模。

一、奉献是一种心系祖国的坚定信念

1. 振兴中华，乃我辈之责

"大年，你们这一代人很幸运，要珍惜时间，早日学成报国。"这是一个普通知识分子家庭父母在儿子踏入大学校门前的叮嘱。简短而朴素的寄语，却穿透时间的隧道，凝聚了老一辈知识分子对新时代祖国的守望。这是一条呕心沥血为国奋斗终身的漫漫长路，它承载着振兴中华的梦想，延续着报效祖国的忠心与赤诚，它是新时代知识分子对祖国最深切的眷爱与最质朴的誓言。而这个深受嘱托，意气风发的青年知识分子就是黄大年，他与祖国结下了最朴素的约定。

黄大年，1958 年出生于广西南宁的一个知识分子家庭，父亲和母亲是广西地质学校的老师，取名为"大年"源于他出生在"大跃进"的年代，他是家中的长子。

科学的光芒点亮成长之路

从小，黄大年阅读了大量与科学知识有关的书籍，《十万个为什么》是他的启蒙读物，钱学森、邓稼先、李四光等老一辈知识分子是他幼小记忆中的英雄人物。

1966 年，正值"文革"时期，黄大年辗转求学。先后随父母下放到偏僻山村上小学，又被送到广西罗城县的乡村"五七"中学寄读。当时接受"准军事化"管理，使他几乎与家人隔绝，半年才能见父母一次。

高中毕业时，黄大年随下放的父母转移到了广西贵县（今贵港市），并以优异成绩考进贵港中学，再度开始了寄读生活。他聪明、勤奋，通过不懈的努力，从几百人中脱颖而出，成为一名航空物探操作员。

追梦的起点

在黄大年 17 岁那年,作为航空物探操作员,他第一次登上飞机,俯瞰祖国大好河山。广袤的国土,幅员辽阔,这个青年被深深地吸引了。从书本的刻苦钻研到登上飞机的操作实践,从儿时的梦想到天空飞翔的体验,黄大年眷爱祖国的质朴深情在沉淀,他对探寻这片热土的渴望在升腾。

1978 年,黄大年以杨梅公社高中第一名的成绩脱颖而出。他的成绩高出录取线 80 分,顺利考入长春地质学院——这是黄大年全家心目中的地探学术殿堂,也是黄大年追逐梦想开始的地方。

学以报国,加速前进

黄大年每天学习奋斗的地方,是李四光创办的新中国第一所地质专科学校。当年,李四光冲破重重阻力,离开英伦回到祖国,距今已六十余载。

大学期间,黄大年将一本现代工程数学手册走到哪里就带到哪里,甚至可以倒背如流。因为它总能让他想起老一辈知识分子邓稼先的弥留遗言,"不要让人家把咱们落得太远了"。

1982 年,黄大年本科毕业,留校任教。一年后,他考取硕士,硕士毕业,继续留校任教。他曾获得学校教学科研成果一等奖、地矿部科技成果二等奖。

1991 年他被破格晋升为副教授。

一定要出去,出去了但一定要回来。一定要出息,出息了就一定要报国。[①]

两次出国,一共十八年。黄大年对时间十分吝啬,他像上了弦的陀螺,每分每秒都不停歇,一路在追赶。

1992 年,"中英友好奖学金项目"启动,黄大年作为全国仅有的 30 名

---

① 《心有大我 至诚报国》,《人民日报》,2017 年 7 月 18 日。

公派人员之一,到英国利兹大学地球科学系攻读博士学位。

1996年,黄大年以排名第一的成绩获得利兹大学地球物理学博士学位,成为该系获评优秀学生中唯一的海外学生。

2006年,黄大年作为英国剑桥ARKeX地球物理公司的研发部主任,带领一支包括外国院士在内的300人"高配"团队,实现了在海洋和陆地复杂环境下通过快速移动方式实施对地穿透式精确探测的技术突破。

2."我是国家培养出来的,从来没觉得我和祖国分开过"

"无论遇到什么困难,回到自己的国土上踏实,在自己的国土上研究,有依靠。"黄大年始终觉得"当初国家送我们出国留学,并不是为了那一纸文凭,和国外的什么好生活,而是为了让我们去学习先进的技术和观念"。他也真正做到了把个人的幸福根植于祖国的土壤里,把对事业的追求跟祖国的需要相统一。

战略科学家、科技领路人

地球深部探测项目,是科技中的重中之重,我国入地探测装备大部分靠进口,特别高精尖的国外实行禁运,如果说我们是"小米加步枪"的部队,国外就是有导弹的部队。中国要和国际接轨,赶超欧美,如何缩小这个差距,就是摆在中国面前的一项艰巨任务。这也是黄大年作为"千人专家"归国的艰巨任务。

2008年,我国决定实施"千人计划",旨在引进海外高层次人才回国工作或以适当的方式为国服务。在地质科学领域,我国不仅是起步晚,而且发展的速度与欧美相比落后很多,黄大年作为战略科学家,科技领路人,是我国迫切需要的人才。

"只有一个理由,就是我的祖国更需要我。"

2009年,吉林大学地质探测科学与技术学院院长刘财向黄大年发出了邀请函。受邀后，黄大年在国外一刻都等不了，一心就想归国投入工作，因为只有回到祖国，为了一个目标去奋斗，这才是他感到最幸福的事。

同年，平安夜，黄大年放弃了外籍科研团队的再三挽留，放弃了18年苦尽甘来的优渥生活，放弃对唯一的女儿成长的陪伴，听命国家一声召唤，他不惜"裸归"，也要回到祖国的怀抱。

"我是国家培养出来的，从来没觉得我和祖国分开过，我的归宿在中国"！回来了，带着对报效祖国的一片赤子之心，带着倾其所有的无悔奉献，黄大年，终于回来了。

二、奉献是一种使命落肩的责任担当

1. "我是带着梦想回来的"

有人说，黄大年是有平安夜情结的。这个情结源自那个特殊的平安夜，他阔别了生活长达18年的英国伦敦回到了令他魂牵梦萦的故土——中国。

在国外生活的时候，每到圣诞假期，黄大年都要回母校吉林大学讲学。而2009年的圣诞节跟往常的不太一样。12月24日，大雪漫天，寒风瑟瑟。一位黄皮肤、黑头发、体型微胖的中年男子，乘坐国航抵达长春龙嘉国际机场，一颗悬着的心终于落地了，18年的伦敦生活，黄大年"挥一挥衣袖，不带走一片云彩"。

最初的梦想，就要到达！

长春，是黄大年最想回到的城市。母校，是黄大年梦想起航的地方。沃土之深，已于心田扎根；沃土之情，又从心头燃起。从东北这片黑土地走出去，就梦想着有一天能用本领在这片土地上播撒新的生命种子。

6天后,黄大年与吉林大学正式签下全职教授合同,担任吉林大学地球探测科学与技术学院教授。黄大年成为国家"千人计划"首批引进的专家,也是东北地区首位"千人计划"专家。一纸契约,一生承诺。颤抖的手指,坚定的内心,"如果我能活500年,那我都归学校管。"他难以抑制心中的澎湃。

2015年1月,在与吉林大学五年合约期满后,国内多所院校纷纷向黄大年抛出了橄榄枝,努力做他的工作,但黄大年依然不为之所动。

倾一腔热血为还夙愿,踏万里黑土不忘初心

黄大年带来的不仅是满腔的热血,还有满脑子的知识,满身的本领。他要用智慧和汗水回馈深爱的祖国和母校,在国外,他最念念不忘的是祖国的培养、母校的恩德。黄大年在吉林大学地质宫度过了人生中最重要、最珍贵的一段求学时光,回国后,他曾表示,他愿意将后半生全部奉献给"大学梦"开始的地方。

续约时,黄大年只向学校提出了一个要求:再延长两年,在吉大一直工作到退休。续聘仪式上,黄大年慷慨激昂地说:"我是带着梦想回来的,梦想和现实应该在同一个地方找到完美的结合。学校为我的成长和回归投入了这么多,团队成员也付出了这么多,我怎么舍得离开这片精神传承的归宿之地。这是我的母校,也就是我的归宿。"①

不忘本来,方显英雄本色;使命担当,锻造中华魂魄。

七年后的平安夜,在与病魔作斗争的时候,黄大年在微信朋友圈写下了这段话:

"选择地方和单位,但我毫不犹豫选择了母校和这片留下青春印记以及大学梦想的地方。还记得回归时的信誓旦旦,竭尽全力、鞠躬尽瘁、不计得失,为母校的发展贡献力量……有理由相信,回归到具备雄厚实力的

---

① 吴晶、陈聪:《心有大我 至诚报国——黄大年》,时代文艺出版社2017年版,第102页。

母校，只要大家团结和坚持，一定能实现壮校情、强国梦。"①

担当是为了实现中国梦的伟大目标！

研究地球物理多年的黄大年，心里比谁都更清楚，我国很多技术在国际上仍处于"跟跑"地位，国外在很多关键技术上长期对中国实行封锁，这种封锁就像是"卡脖子"，狠狠地扼住了中国发展的咽喉。黄大年始终认为，如果不突破技术瓶颈，实现中华民族伟大复兴的中国梦就会更加艰辛。

回到长春的一个夜晚，黄大年含着泪水，在一份呈报学校的工作自述中这样写道："我的父母属于那一代历经了诸多磨难的中国知识分子，无论对国家还是儿女，以吃苦耐劳、兢兢业业、只讲奉献不图回报的优秀品质著称于世；以为国家培养和献出自己的优秀儿女为荣。他们在人生最后时刻仍然表现出对祖国自始至终的忠诚、朴实和包容、傲骨和责任，令人由衷敬佩和永远怀念。父辈们的祖国情结，伴随着我的成长、成熟和成材，并左右我一生中几乎所有的选择。这就是祖国高于一切！"②

黄大年十分崇拜"两弹元勋"邓稼先，赤子之情的邓稼先既是对自己的激励，也仿佛是冥冥之中的一种历史轮回。有一次，他在微信朋友圈转发一篇关于纪念邓稼先的文章《如果他还活着，今年才 90 岁》，并写下内心的独白，"看到他，你会知道怎样才能一生无悔，什么才能称之为中国脊梁。当你面临同样选择时，你是否会像他那样，义无反顾？"③

担当是排除万难主动扛起肩膀上的责任

回国不久，2010 年 2 月，科技部的一位负责同志慕名来找黄大年，告诉他国家正在筹备的"863""十二五"主题项目：高精度航空实力测量技术，想请黄大年做这个项目的领军人物。

---

① 《黄大年"朋友圈"里的家国情怀》，《南宁晚报》，2017 年 5 月 18 日。
② 《报告文学：大地之子黄大年》，《新华每日电讯》2017 年 11 月 24 日。
③ 吴晶、陈聪：《心有大我　至诚报国——黄大年》，时代文艺出版社 2017 年版，第 117 页。

黄大年斩钉截铁地说："没问题"。

"黄老师，我得和您说明一下，现在这个项目的情况是，您拿不到一分钱、没有一个自己承担的课题，但是非常迫切，需要您做牵头人，请您来管团队、赶进度、帮忙指导技术……"

黄大年的回答依然坚定而有力："没问题"。"这是关系国家战略安全的重大研究，我愿意做。"[①]

越是责任重大的岗位，遇到的压力和阻力越是大，黄大年用"大年式"的肩膀负重前行，诠释了担当精神的时代内涵。

2013年在欧美同学会成立100周年庆祝大会上，习近平总书记发表了重要讲话，这让在现场聆听的黄大年格外兴奋，备受鼓舞。晚会上，当歌唱家动情地演唱《祖国，我慈祥的母亲》时，黄大年和他的妻子再也抑制不住内心的激动，泪水夺眶而出。他深情地说："请理解，我们这些常年在国外的专家，对祖国的爱很深、很深，祖国需要，我无论如何都要回来！"[②]这句话多么质朴、多么有力、多么凝重。黄大年喜欢听《我爱你，中国》《我和我的祖国》，每每听到动情之处，都会情不自禁落下男儿之泪，这种对祖国真挚的爱，背后支撑的是他滚烫的爱国心，是坚挺的中国脊梁。

2. 为了使命的"拼命黄郎"

有多大担当才能干多大事业，尽多大责任才会有多大成就。大风泱泱，大潮滂滂，历史从来不会垂青懈怠者、懒惰者，机会只会眷顾奋斗者、拼搏者。

[①] 《报告文学：大地之子黄大年》，《新华每日电讯》2017年11月24日。
[②] 中共中央宣传部宣传教育局编：《时代楷模·2017——黄大年》，学习出版社2017年版，第22页。

深海、深空、深地，是我国科技发展攻关的重要战略方向。尤其是地球深部到底隐藏着多少秘密，一次次敲击着人的好奇心，也从另一方面衡量着一国综合实力的深度。早在20世纪70年代到90年代，西方发达国家已经成功完成了一轮地球深部探测，牢牢地抢占了这项技术的制高点。

看准了的事情，就要拿出勇气来做，坚定不移干。回到吉林大学工作，黄大年没有向学校和学院提任何要求，念叨最多的却是实验条件怎么样？工作条件怎么样？团队条件怎么样？

黄大年曾说："中国要由大国变成强国，需要有一批'科研疯子'，这其中能有我，余愿足矣！"①"时间紧迫""等不起""来不及"……这样的词汇，就像紧箍咒一样经常刺痛着黄大年的神经，催促着他以时不我待、只争朝夕的精神状态全力以赴投入工作。

回国后，他马不停蹄地投入到科学研究工作中去。黄大年有一个坚定的信念，就是力争把我国的装备技术研究推向更高的水平。在国外工作多年的他，深谙相关装备技术对国家战略发展的重要意义。在深地探测领域，我国采用的探测装备几乎全部依赖进口，核心技术受制于人。由黄大年担任首席科学家，以吉林大学为中心，组织全国高校和科研院所的优秀科研人员数百人，开启了深地探测关键装备攻关研究，叩开"地球之门"。这项研究，通俗地说，研究的是一种高级CT机，只是这种CT机透视的不是人的身体，而是我们脚下的大地和浩渺的海洋，黄大年回国时，我国这项技术只是刚刚起步。

为了尽快取得技术突破，黄大年争分夺秒、只争朝夕，把办公室当成了家，没日没夜地搞科学研究。地质宫晚上10点熄灯封楼，可黄大年经常工作就到了后半夜。楼下传达室的大爷说，"我在这儿工作了这么多年，还没见过工作这么'着魔'的"。

---

① 吴晶、陈聪：《心有大我 至诚报国——黄大年》，时代文艺出版社2017年版，第66页。

"着魔",是黄大年回国七年期间工作状态的真实写照

2016年2月22日晚上11点24分,黄大年在微信朋友圈写道,"……没人强迫,只是自找,总想干完拉倒,结果没完没了,公事家事总难两全。忽见,正下瑞雪,空气清新,一幅月下银霜自然美景,让人在空旷的停车场上心旷神怡,不忍离去。"配了一张图片,寂静的深夜,皎洁的圆月投射到黄大年静卧在雪地的车上。在回国的7年时间里,工作到深夜两三点是经常的事,他用不断透支的身体在完成使命。

同一个团队的"千人计划"专家王献昌很担心:"你这是拿命在做科研啊!这么下去,铁打的身体也扛不住啊!"

正是因为这种"着魔"的劲头,对事业的执着追求,使我国在航空重力梯度仪的研制上实现了从无到有的巨变,在数据获取能力和精度方面与国际水平缩短了20年的差距。

黄大年回国3年后,我国首台深探大陆科学钻探装备成功研制,"地壳一号"投入使用。

5年后,无缆地震勘探系统研发完成。

6年后,航空重力梯度仪原理样机研制成功,无人机探测系统研发完成。

2016年6月28日,黄大年为首席科学家主持的"地球深部探测关键仪器装备项目",通过评审验收。专家组一致认为,项目总体达到国际领先水平!

国际地学界发出惊叹——中国真正进入"深地时代"!

短短的7年时间,黄大年带领的团队取得了一系列重大科技成果,填补了多项国内技术空白,部分成果达到国际领先水平,为深地资源探测和国防安全建设作出了突出贡献。

七年如一日。

黄大年的办公室墙壁上贴着日程表,密密麻麻,每一天都安排得满满当当。赶进度、盯课题、开会议、搞论证……七年的每一天都当成了两天,甚至三天来用。一年365天，黄大年有130多天都在出差，他出差总让秘书给他订夜里的航班，因为这样可以省下白天的时间来工作、洽谈和指导学生。在大家眼里，黄大年就是永远扑在工作上的"拼命黄郎"。

3. 春蚕到死丝方尽，蜡炬成灰泪始干

在诸多称谓中，黄大年最喜欢大家称呼他为"黄老师"。其实在很多人眼里，黄大年不仅是一位知名的战略科学家，还是一位杰出的教育家。

勇立潮头、引领创新

搞交叉、搞融合，是黄大年回国后积极倡导的一种新型科研理念。其实，学科的融合、交叉早已是当今世界科技创新发展的一大趋势，黄大年不仅知道这个道理，还躬身实践，大力推进科学研究向规模化、架构化、体系化发展。

2016年9月，在他的提议下，吉林大学成立了新兴交叉学科学部，黄大年担任了这个部门的负责人。在黄大年的劝说下，王献昌、马芳武、崔军红等"千人计划"专家纷纷来到吉林大学交叉学院。该学院是一个辐射地学部、医学部、物理学院、汽车学院、机械学院、计算机学院、国际政治系等的全新科研"特区"，形成了深空、深地、深海等多领域交叉融合的地理探测体系。

为什么要搞交叉？

在黄大年看来，这是中国实现"弯道超车"的唯一机会！

发达国家垄断着核心技术，即使花钱也不会卖给你。黄大年深知，中国虽然在一些技术领域达到了世界领先，拿到了新一轮全球科技竞赛的入场券，但是要达到世界一流水平，我们必须牢牢抓住"弯道超车"的宝贵机遇，才能在激烈的国际竞争中获得优势。

对于交叉学科体系，黄大年投入了巨大的心血，克服了种种困难，这也是令他十分得意的一个成果。交叉学科体系运用平台协作将基础研究和前沿科技在碰撞中寻求突破，在差异中做大增量，以最快的方式、最优的组合把不同学科的知识、不同领域的人才汇聚到统一的机制之下。很多人都说，黄大年编织了一个又大又密的科研网络，还有人说，这是在下一盘具有长远眼光的战略棋局。

慈父般的关爱在细节处发光

作为国际战略科学家，黄大年清楚地知道，我国正在从一个科技大国向一个科技强国迈进，道路漫长而且艰巨，不是一代人可以完成的，需要几代人的共同努力。他对培养优秀人才十分重视，唯有如此，人类的文明才能够传承，国家的大业才得以继承。

黄大年回国后的第一年，吉林大学在全校范围内开展名师义务担任本科生班主任的活动。黄大年接受邀请担任了第一届"李四光实验班"班主任。为了方便学生查资料和绘图计算，他自己掏腰包给班里24名学生每人购置了一台笔记本电脑。

黄大年的妻子是学中医的，懂得中医去暑的疗法，炎夏一来，他便让妻子给学生熬制绿豆汤、山楂水、菊花茶送给学生；寒冬来时，他就给大家购买电暖气。他还经常为困难学生交学费，甚至为学生母亲交手术费。黄大年正是以这样一种父亲般的关爱，小心呵护着他深爱的每一位学子。

在他眼里，每个学生都是一块璞玉，只要因材施教，用心培养，都可以成为栋梁之材。黄大年会根据每个学生的不同特点和国家的需要为学生规划发展方向。他的电脑里有个特殊的文件夹，这个文件夹记录着他所有学生的研究方向和学术规划。只要是学生说出的合情合理的想法，他都认为是一个美好的梦想，都会尽其所能帮助学生圆梦。这些年，为了拓展国际视野，接触世界前沿技术，黄大年无偿资助26名学生出国参加学术交流。

熟悉黄大年的人都知道，老师的办公桌前摆放着两把椅子，一个人为什么坐两把椅子？原来，另一把椅子是黄大年专门为学生来办公室与他讨论问题摆放的。与学生的感情亦师亦友，丝毫没有架子。出差回来的第一站不是别的地方，而是实验室，因为他迫切地想了解学生的学习近况，也不想让学生带着很多问题和疑惑糊里糊涂开展研究。师者，传道、授业、解惑也。答疑解惑被黄大年认为是与学生交流最好的方式。

言传身教、育人育才

"我有一身本领，想尽快交给学生。"这是黄大年发自内心的迫切愿望，驱使他奔行在言传身教的科研路上。在重点研究初创期面临着缺钱这一难题，黄大年决定，把自己的银行卡交给团队，用自己的钱做前期投入来解决科研攻关面临的难题。只要有利于项目开展，有利于科研攻关，黄大年在困难面前从未低过头。

后来，在黄大年感召下，人工智能专家、汽车工程专家、智慧海洋专家等一大批在海外享有较高知名度的专家纷纷回国效力。黄大年作为首席科学家，组织全国500多位来自高校和科研院所的科技人员，开展"高精度航空重力测量技术"和"深部探测关键仪器装备与试验"，这两个重大项目的攻关研究总投入5亿多元。

手上拿着高达数亿元的项目，不少人质疑："科学家怎么能像机器人一样严格按进度执行？"但是，黄大年做到了。一些自认为和他关系不错的专家找上来，想替某研究机构"争取一些经费"，黄大年都会直接拒绝。后来对方发现，连吉林大学也没有多拿一分钱。因为黄大年都是严格按照科研经费的管理来使用的。

黄大年用自己的实际行动、和风细雨的教诲，激励着学生在人生道路上既要树立远大志向，又要拥有家国情怀。身为中科院院士评审专家的黄大年自己并不是院士，同事和领导们都劝他抓紧申报，因为以他的能力和贡献早就可以申报院士了。但是，他却说，"先把事情做好，名头不重要。"

三、奉献是一种忘却小我、成就大我的精神品格

1. 大地深处燃起生命之火

"儿子,估计我们见不到最后一面了,我能理解你的处境。你要记住,你可以不孝,但不可不忠,你是有祖国的人!"2004年3月20日晚,黄大年正在大西洋深水处与美国某公司开展技术攻关研究,接到父亲离世前最后一通电话。两年后,母亲离世前给他留下的依然是这句话。黄大年奉献一生,践行"祖国高于一切"的家训,兑现他最初立下的誓言。

哪天倒下,就地掩埋

黄大年每天晚上都是两三点睡,没有周末,没有周日。一天休息5个小时,有时只休息3个小时。他认为,在中国做科学,像他这样的人挺多的,玩命去干……

走进黄大年的办公室,一张直通天花板的日历表占满了一面墙,上面字迹潦草,密密麻麻记载着黄大年的工作日程。有些日程只标注一两个字,还有些临时通知的根本来不及记录,看得出记录者的匆忙。深探项目的成就并没有停下黄大年想要赶超国外的科研脚步,反而更加紧锣密鼓地安排工作计划,他忽视身体的疲劳和不适,向一个又一个科研目标高速前进。

透支自己,也要让人生发光

黄大年的身体每况愈下。2016年11月,在出差的飞机上,黄大年突发腹部抽搐,剧烈的疼痛使他一度进入休克状态。昏迷前,他与机务组的人员说的唯一一句话就是,"我一会儿要有什么情况,替我一定把这个包交给国家。记住,一定要交给国家。背包里的资料交给国家。"

当黄大年再次醒来，他已经躺在医院的病床上。此时的他并没有因身体疼痛而留在医院，只因为不能耽误接下来给学生们做的报告会，他立即返回地质宫，谁也没拦住他的脚步。在这条路上，黄大年从来没有停下来过。可是，当时谁也不知道，这是黄大年走到生命尽头，身体发出的最后预警。

两天后同事们强行把他送到医院做检查，做完以后，这个"拼命黄郎"又马不停蹄去北京开会。人还没回来，结果确诊为胆管癌，肿瘤已蔓延到胃部和肝部……由于黄大年平时的身体长期处于严重的亚健康甚至是不健康的状态，作息规律极度不正常，病情的严重程度震惊了医生和同事们。这是他生命中最后一次出差。

七年来，一直被安排得满满的工作日程就此被迫中断，黄大年不得不放下所有工作，住进医院做手术。就在住院期间，他仍然坚持在病房里耐心给学生讲解科研项目需要改进的地方。他的一位博士生周文月回忆，手术前几天，意外地收到了老师的微信，老师告诉她，已经为她写好了去剑桥大学交流学习的推荐信。这时，周文月热泪盈眶，生命悬于一线的老师想的竟然是学生的未来，她感慨万千，老师平日里常说的一句话再次浮现脑海："你们一定要出国，出国一定要回来；你们一定要有出息，有出息了一定要报国。"

2. 功成不必在我

有人说，"黄大年是一颗'能量球'，把自己充分燃烧，才能和技术完全贡献给国家。"[①]病榻上的黄大年，仍然心系着工作，心系着祖国科研的需要，生命的每一分钟，他都要用来践行对祖国深沉的热爱。

---

① 王培莲：《黄大年：一颗充分燃烧的"能量球"》，《中国青年报》2017年5月19日。

黄大年的装备研发理论，受到专家的认可，为国内科研攻关，打开了一扇更宽的大门，作为国家深探装备研发项目的首席科学家，他此后相继承揽了九大项目，设置49个课题，集中118家机构，1600多名科学家，不遗余力地为祖国科研进步作出了无私奉献。

对于国家来说，黄大年倾其所有，无论是从事业的高度，还是从国家需要的高度，他所做的一切让很多人望尘莫及，他不计个人名利，不当老好人，不搞无原则的一团和气，这一切都令人钦佩。可是，没有人知道，为了这一切，他承受了一般人难以想象的心理压力。

很多人问过黄大年："你何必做到这个份上？"

他给出了几乎相同的答案："你不知道啊，我出国就是从长春这个地方出去的，在外面漂了很多年，也确实得到了各种各样的培训和机会。现在想回来，就是为了报效祖国。我什么职务也不要，什么待遇也不求，就是帮助祖国做一些事情。"①

2016年，平安夜，正是黄大年手术后的第七天，他在微信群里给学生们发了这样一段语音："今天正逢平安夜，这是我从英国剑桥回到长春的日子，一晃整整七年了。跟大家在一起度过了日日夜夜，我们的团队正在壮大，我们的成果正在展示，我铭记大家跟我在一块为了一个共同的志向和理想，所付出的全部心血。"

"一辈子能有几次接近自己的梦想？而我是幸福的"

当黄大年办理了住院手续的时候，他还不知道最终的检查结果是"胆管癌"。医生只告诉他是个微创手术，怀疑是结石或者肌瘤，因此，他还没有告知家人。当得知要切除很多器官，黄大年隐隐约约觉得事情没有想象的那么简单，黄大年执意回一趟办公室。进了地质宫，黄大年整理完材料，到各个办公室转了一遭，跟大家打了招呼。他看上去很乐观，还跟大

---

① 吴晶、陈聪：《心有大我 至诚报国——黄大年》，时代文艺出版社2017年版，第102页。

家开了个玩笑："也不知道……还能不能回来了？"

手术前，黄大年把一个硬盘交给秘书，他叮嘱硬盘里面是一些需要妥善保管的资料；把一个笔记本交给学生，里面是他对一些研究方向的新思考；托青年教师给学生拷贝了一些学习和实验用的文献资料和软件程序，都是他住院期间查阅收集的。

黄大年又抓紧时间和他们讨论如何吸引人才、留住人才。随后，医生把黄大年推进手术室。

手术室的门即将关上那一刻，黄大年突然说："我想出去再看看我的学生们。"他又回到手术室门口，跟二三十个老师学生一一握手，每个人都激动得说不出话。

我的归宿在中国

2016年12月31日，国家主席习近平发表2017年新年贺词，黄大年请护士帮他放了一遍。1月1日，青年教师们来看他，又给他重新放了一遍新年贺词，他攒着气力，嘱咐了几句鼓励的话："我的保险柜里有一些资料，研究室有两台电脑，如果我醒不来，你们要继续做下去。其他的也没有什么了。"

术后，黄大年突然很想看海洋主题的纪录片。他让学生找来，一遍遍地看着画面里的一片深蓝，沉浸在他的"巡海梦"中，直到睡去。

最后一次被转入重症监护室，黄大年几乎失去了意识。当医生走出来，还没等人询问，就像个孩子一样"哇"地哭了："希望很渺茫了！头一次感觉到自己不想当医生了。我从来没有这么难受过，看到黄老师这样一个大科学家走到这一步，自己却一点办法都没有……"

两轮抢救之后，黄大年情况比较稳定，心跳比较正常，他靠着顽强的求生意志奇迹般地熬过了"大限"。就在此时，他的女儿黄潇在遥远的英国生下了他的外孙，他却已失去意识。

当天正在医院值守的医生，刚打开饭盒，拿起筷子准备吃饭。饭还没吃到嘴里，被一阵慌乱的呼喊打断："快快快！按压了！按压了！"

医生流着泪，一直按压，一直按压……

没有效果，准备放弃。看到医生摇头了，学生们痛哭着跪在医生面前："我求求你们，求求你们了！一定……一定还有希望的！"

随后，几个医生继续轮流按压，奇迹没有再次出现……

2017年1月8日，不知疲倦的黄大年永远地离开了，他把生命中最璀璨的部分献给了国家。

天空如此浩瀚，却不足以让这位科学家飞翔。因为他的头脑，他的心胸，能够融汇百川，他的辛劳，他的付出已经跨越生死；大海如此深沉，却抵不过这位报国赤子对祖国热爱的深沉，因为他把他的爱国之情、报国之志融入祖国改革发展的伟大事业之中，融入人民创造历史的伟大斗争之中。

地质宫不灭的灯火已深深镌刻在人们的心里，它必将点亮更多的信仰之光，相信它会照耀更多的海归学子，相信不只是黄大年，奋斗在祖国各个科研领域的广大知识分子，都会以无限的爱国热忱，并肩奋斗，你追我赶，报效祖国，为实现"两个一百年"奋斗目标、实现中华民族伟大复兴的中国梦贡献智慧与力量。

四、结语

一个时代有一个时代的主题，一代人有一代人的使命。50年来，发生过两次大的归国潮，一次是钱学森、邓稼先们的归来，源于"新中国"的需要；另一次则是黄大年们的回国，发自"中国梦"的召唤。50年前，中国积贫积弱、百废待兴，钱学森、邓稼先等老一辈爱国知识分子，冲破重重阻力回到新中国;今天,作为世界第二大经济体的中国,正在迈向大国变强国的伟大征程中,中国梦召唤了像黄大年一样有赤子情怀的科学家回到祖国。

"创新正当其时,圆梦适得其势"。碧波滚滚的南海上空,黄大年用激扬壮阔的一生在实现中国梦的征程中书写了无愧于时代的壮丽篇章!黄大年心有大我,至诚报国,在为我国建设世界科技强国的路上留下宝贵财富,亦成为我国营造崇德向善、见贤思齐的浓厚社会氛围的时代楷模,引领广大知识分子砥砺前行。

"人的生命相对历史的长河不过是短暂的一现,随波逐流只能是枉自一生,若能做一朵小小的浪花奔腾,呼啸着加入献身者的滚滚洪流中,推动历史向前发展,才是一生中最值得骄傲和自豪的事情。"黄大年入党志愿书中写道。

这是新时代知识分子的宏伟胸怀,也是新时代知识分子的使命担当。

黄大年的朋友圈:朴实无华的内心独白[①]

黄大年爱好广泛,平常喜欢发微信朋友圈,与他的学生和朋友分享日常生活的点点滴滴。他的手机中,留存着亲手编辑的一百多条朋友圈文字,记录着他回国7年里的所思、所想、所感,抒写着一个战略科学家朴实无华的内心独白。

2013年12月24日,晚上9点52分

4年前的平安夜,我在同一时刻轻轻地从剑桥彻底回来了,在国航

---

① 《黄大年的朋友圈:浓缩纯粹质朴的内心独白》,央广网。

380 上度过的平安夜，没有节日气氛。也巧了，此后 4 年几乎都是一个人异地度过这熟悉了近二十年的夜晚，因为老赶上出差。尽管在北京朋友多，他们也想拉我暖场子。但是，我此刻感觉疲惫，宁愿一个人在北京地大宾馆安静的屋子里，轻轻地我睡了，正如 4 年前我轻轻地来……

2015 年 6 月 7 日，下午 8 点 02 分

今天下午从地质宫 5 楼办公室窗外看到的景象，用 Nikon D7100 相机抓拍：晴空万里，乌云突袭，雷雨交加，雨过天晴，万物复苏，可惜又到黄昏。

2015 年 12 月 31 日，凌晨 0 点 10 分

大跨度的经历难免遭遇各种困难，拼搏中聊以自慰的追求其实也简单：青春无悔、中年无怨、到老无憾。

2016 年 7 月 11 日，下午 3 点整

世界第一运动的当今领旗人 C 罗 7 号（CR7）会用倒下时的英雄悲壮向你表明：如何才能从青涩少年走向成熟并成为领袖；如何才能从恩师、挚友甚至对手那获得前进的力量；如何学会珍惜才能赢得尊重。我是曼联球迷，当年在英国绿茵球场常看到小帅孩 C 罗在奔跑中成长。今晨看着他和他领导的葡萄牙队激情碰杯，不禁回首往事，感慨万千。

2016 年 12 月 13 日，晚上 7 点 59 分

人生的战场无所不在，很难说哪个最重要。无论什么样的战斗都有一个共性——大战前夕最寂静，静得像平安夜……事业重要，生活和家庭同样重要，但健康更重要。

参考文献

1. 任仲文：《时代楷模黄大年》，人民出版社 2017 年版。
2. 吴晶、陈聪：《心有大我　至诚报国——黄大年》，时代文艺出版社

2017年版。

3.中共中央宣传部宣传教育局:《时代楷模·2017——黄大年》,学习出版社2017年版。

4.《报告文学:大地之子黄大年》,《新华每日电讯》2017年11月24日。

太行山上的新愚公

李保国

"4月1日，邢台南和；4月2日，邢台前南峪；4月3日，邢台南和；4月4日，邢台保定……4月8日，顺平、保定……"这是李保国生前最后一周的工作轨迹，浓缩了李保国来去匆匆的所有牵挂。

2016年4月9日，"周一、周二在校给本科生上课，周三去青龙，周四去滦县……"这是去世前一天，在连续参加了两个项目会议后返回保定途中，李保国思路清晰、条理明确地安排的下周工作。

2016年4月9日21时左右，李保国勉强吃了一点杂豆粥、咸菜疙瘩，就急忙与"中国树莓谷"产业园负责人周岱燕电话沟通建设树莓采摘园的事情。这是李保国生前的最后叮嘱。

2016年4月10日凌晨4时，58岁的河北农业大学教授、博士生导师、"科技财神"李保国心脏病突发，经抢救无效不幸去世。从23岁到58岁，从农民大学生到大学生农民，从大学教授到农民教授，从瘠薄沟壑到绿水青山，从峭壁荒野到金山银山，从科技伉俪到李保国团队，李保国用短暂的一生践行了"你的幸福我包了"的豪迈誓言。绿岭薄皮核桃畅销了，富岗苹果火了，葫芦峪农业产业园规模化了，兑现了上万人幸福的李保国却走了。"那是谁的身影，脚步匆匆。他在太行山里走了一生。那是一片片贫瘠的土地，他用知识绘成风景……"河北梆子现代戏《李保国》主题曲响彻太行，山河动容，日月呜咽。

习近平总书记指出："李保国同志35年如一日，坚持全心全意为人民服务的宗旨，长期奋战在扶贫攻坚和科技创新第一线，把毕生精力投入到山区生态建设和科技富民事业之中，用自己的模范行动彰显了共产党员的优秀品格，事迹感人至深。李保国同志堪称新时期共产党人的楷模，知识分子的优秀代表，太行山上的新愚公。广大党员、干部和教育、科技工作者要学习李保国同志心系群众、扎实苦干、奋发作为、无私奉献的高尚精神，自觉为人民服务、为人民造福，努力做出无愧于时代的业绩。"① 李保国同志"植根"太行，"深扎"山区，用科技为荒山带来苍翠，用产业为乡亲拔除"穷根"。他心有大我、至诚报国、埋头耕耘、不图回报，为山区群众脱贫致富不断探索创新，将自己变成了农民，将千千万万农民变成了自己，赢得了百姓的由衷爱戴。

一、共产党人的楷模

人民是历史的创造者，人民是事业的主力军，心系人民、服务人民是每一个共产党人的"初心"和"本色"。不忘初心，方得始终，牢记使命，砥砺前行。李保国的事业是"让父老乡亲们都富起来"，李保国的座右铭是"时刻以善为本，寻找行善之地"，李保国说"这么多年，名、利，我没追求过"，他始终把人民群众的利益放在心上，把人民群众对美好生活的向往作为自己的奋斗目标，以对党忠诚、为党分忧、为党尽职、为民造福的政治担当，以想国家之所想、急国家之所急的政治追求，以敢于创新、攻坚克难、时不我待、舍我其谁的政治热情，将毕生的精力和学识投入到新时代新征程新使命的伟大精准扶贫战略中，开创了众多科技扶贫可复制的样板，为造福百姓做出了无愧于时代、无愧于人民的业绩。李保国去世后，经中央领导同志同意，中央组织部决定，追授李保国同志"全国优秀共产党员"称号。

---

① 《习近平对李保国同志先进事迹作出重要批示》，新华网，2016 年 6 月 12 日，http://www.xinhuanet.com/politics/2016-06/12/c_1119027652.htm。

1. 心系群众的人民情怀

1958年2月，李保国出生在河北武邑一个农民家庭，1975年8月参加工作，1975年至1978年先后在武邑县怀甫公社广播站、武邑县机电局工作，1978年3月至1981年2月就读于河北林业专科学校桑蚕专业，毕业后一直留校任教。1981年学校决定在太行山区建立产学研基地，李保国作为首批课题组最年轻的成员进入太行山，从此再也不曾离开。

（1）不忘初心：人一辈子得做点让别人好的事

金自矿出，玉从石生。李保国的精神绝非偶然，而是文化熏陶和主观世界改造共同作用的必然结果。

凿井者，起于三寸之坎，以就万仞之深。青年时代的价值取向决定了未来的价值取向。优秀文化的熏陶，是李保国干事创业的根基。在很多个场合，李保国都提及小时候，奶奶总说"人一辈子得做点让别人好的事"，从小就鼓励李保国，"我这孙子有出息，将来一定能做成点事"。须知孺子可教，勿谓童子何知。奶奶朴素的话语一点一滴浸入到童年李保国的内心。李保国的父亲是抗美援朝志愿兵，为人正直、吃苦耐劳、孝顺顾家，经常给孩子们讲述奋斗故事，李保国耳闻目睹，日濡月染，每天回家帮助做家务，闲暇时光就在村里搭把手。他高中时候学的是文科，恢复高考后，深思熟虑了很久：如果继续学文科，估计也当不了什么文豪、名家。如果转理科，起码能掌握一门手艺，能把掌握的东西，变成实打实的事情。最终，毅然干回了农民的老本行——学农。李保国进入太行山后的第一站，是河北邢台前南峪。中国人民抗日军政大学（简称"抗大"）在前南峪的峥嵘岁月以及艰苦奋斗、不怕牺牲的抗大精神自然而然地滋养着青年李保国，也激励着他在之后的岁月永远坚定正确的政治方向、保持艰苦朴素的工作作风、敢于创新治山措施。

"靡不有初，鲜克有终。"1989年7月，李保国光荣地加入中国共产党。几十年来，李保国始终自觉坚持用无产阶级思想和无产阶级人生观、价值观要求自我，用"党和人民的利益高于一切的原则"及党的优良特性去塑造自己。他以"铺路奠基有我，功成不必在我"的胸怀，在太行山上一干就是35年。他以"捧着一颗心来，不带半根草去"的精神境界，为太行山的百姓奉献了一生。冬不御寒、夏不遮阳的房子他一住就是四年，补丁摞补丁的衣服直到生命最后一程都没有扔掉，打造出"太行山里首富村"的专家最后一顿饭是杂豆粥、咸菜疙瘩，他用行动和业绩兑现了入党誓言。

（2）不忘根本：不是我成就了你们，而是你们成就了我

大家对李保国有很多尊称，但他最喜欢的还是"农民"二字。农民出身的他，从未放弃过"三农"情怀。他常说，"我是农民的儿子，看不了他们过苦日子，让父老乡亲们都富起来，我的事业才算成功。"

李保国是名副其实的教授。他先后完成山区开发研究成果28项，推广36项林业技术，示范推广总面积1080万亩，建立了太行山板栗集约栽培、优质无公害苹果栽培、绿色核桃栽培等技术体系，培育出多个全国知名品牌，累计增加农业产值35亿元；先后出版五部专著，发表学术论文100余篇，主持完成9部教材的编写；先后带过67名研究生，其中70%考上博士；举办不同层次培训班800余次，培训人员9万余人。

李保国又不像教授。他头发稀乱、皮肤黝黑、衣着朴素、裤子卷着、双手干裂，开着底盘已经经过反复维修的破旧越野车，活脱脱一副农民形象。平山葫芦峪农业开发股份有限公司董事长刘海涛回忆第一次见李保国的场景，当时，车上走下两个土里土气的人，身边人一介绍，刘海涛大吃一惊，"怎么脸跟酱油一个色？"有人说他土，但他说"土"，才能和农民"交心"。他常常自嘲"我是最黑的大学教授"。他总是用农民听得懂的话来沟通，"去掉直立条，不留扇子面""见枝拉下垂，去枝就留橛""一种是结果枝，一种是不结果枝""一个娘养十几个孩子，哪个都养不好，要

是少养几个,个个奶水足,就长得壮"①……他说,"跟农民说话就得通俗易懂,满嘴是术语,谁还听?"②作为最年轻的队员,一入太行山,他就选择了当时条件最艰苦的前南峪,有人他"傻",但他说"党把我培养成教授,就是让咱为老百姓过上好日子干点事"③。他时而趴在地里勘测土质,时而爬到树上修枝剪叶,没有一点架子。李保国的手机里存了很多奇怪的名字,"曲阳核桃""井陉核桃""平山西北焦核桃""栾城杨核桃""平山苹果",接到咨询电话,李保国总能清楚地记起每个人的困难和问题。他说,山里要脱贫,必须把我变成农民。河北日报驻邢台记者站原站长刘秀礼曾经对李保国说,是你成就了岗底、绿岭和前南峪。可是李保国一本正经地回答:"不是那么回事。没农民提供山、水、林、田、路,我哪来的科研成果?不是我成就了他们,而是他们成就了我。"

2. 将个人理想融入党和国家事业的家国情怀

责任和担当是家国情怀的根本和精髓。奋斗的新时代,涵养大情怀。李保国的家国情怀体现在永远将个人理想融入党和国家的事业,在大事和小事、大利和小利、大家和小家关系上有着清醒的认识。

(1)大事和小事

"我想做个人认为有意义的大事,不想围绕着小事转悠,当然我眼里大事小事的区别可能跟别人不太一样。别人干不成的事我干成了,别人

---

① 沈慧、董碧娟、雷汉发:《"让越来越多的农民变成我"——追记河北农业大学林学院教授、博士生导师李保国》,《经济日报》2016年4月14日。

② 《丰碑,矗立在太行山上——追记共产党员、河北农业大学教授李保国》,新华网,2016年5月29日,来源:新华社,http://www.xinhuanet.com/photo/2016-05/29/c_129024316_2.htm。

③ 饶桂生:《李保国先进事迹报告会发言摘编——他是太行山的儿子》,河北文明网,2016年6月13日。

种不活的树我种活了，别人干不赚钱我赚钱了，我一手指导的模式在河北遍地开花了，这是我的一种精神享受——我干成了这件事！"李保国这样说。

李保国的事业很大。全面小康，难在农村；脱贫攻坚，重在太行。不管是"嫁女不嫁前南峪"的前南峪，还是"有女不嫁岗底郎，光着脊梁睡土炕"的岗底，或是"无雨渴死牛，有雨满坡流"的葫芦峪，都是太行山中的贫困"硬骨头"。李保国要做的是打响脱贫翻身仗，老百姓的事情都是大事：一位素昧平生的普通核桃种植户的一个电话，李保国立刻日夜兼程赶去做指导。因为"核桃修剪一年就得趁这几天，要不就晚了"。村民不懂无公害果树技术，他就手把手教；有村民不敢尝试，他自掏腰包帮他们试用新技术。因为这都是关系收成的大事。

自己的事再大都可能是小事。李保国的儿子到了上幼儿园的年纪，一次学校领导去山里探望，孩子爬上领导的车，哭着喊着想回保定上幼儿园，可是硬是被李保国妻子郭素萍拽了下来。郭素萍两次做手术，李保国都在山里忙碌，没有赶回去。一次，李保国在平山参加"燕赵楷模"录制，儿子儿媳特意带着5岁的小孙子从保定到现场看爷爷。活动的真心话环节，在主持人一再要求下，李保国终于挤出了心里的愧疚，"老婆、儿子，我爱你们，但是我顾不上管你们。对不起！"①

（2）大利和小利

李保国重实利，带着老百姓和企业逐利，却不计个人利益。李保国主持建设的富岗苹果连锁基地发展到太行山和燕山11个县（市）369个村，种植面积5.8万亩，产量超过1亿公斤，带动7万多农民走上致富路。如今的前南峪，林木覆盖率达90.7%，获"全球生态环境建设500佳"提名奖，

---

① 霍晓丽、王敬照、陈诚、张永利、杨威力、王峻峰：《太行山作证——追记河北农业大学教授李保国》，河北新闻网，2016年4月25日，http://hebei.hebnews.cn/2016-04/25/content_5468147_3.htm。

人均年收入达 1.06 万元。李保国亲自指导确定产业发展方向并培育新技术的绿岭公司年产值 26.6 亿元，已经成为国家级扶贫龙头企业。李保国示范推广的 36 项标准化林业技术累计应用面积 1826 万亩，累计增加农业产值 35 亿元。他直接帮扶三四十个村庄，间接带动发展起来的村庄数百个，让 140 亩荒山披绿，带动 10 万多农民走上脱贫致富的路子。他可以一天徒步 4000 亩苹果园，因为："通过我的技术，早一年进入盛果期，一亩地增收 4000 斤苹果，按一斤苹果卖两块钱算，一亩地就增收 8000 元，4000 亩地是多少啊？3200 万元。一个人辛苦一天的事，多值！"[①]

他扶植出了多家名冠全国的产品，企业找他谈合作。他提出合作前提：成果可复制、可推广、可产业化，能带动农民致富。他对自己约法三章：业务可以做，钱一分不收，不做一把手。他说，"我是科技工作者，我要考虑的是怎么把老百姓从贫苦的生活中解放出来。"有记者采访问他，这样的好的技术，天天往山里跑，你每年至少也得赚上百万了吧？李保国回答，"不为钱来、不为利往，农民才能信你、才能听你的"。"国家给我发八九千块钱工资，都花不完呢！"

有人说，大学教授的价值是靠论文堆积起来的，你这样整天往山里跑，耽误多少事儿？他回答，"我是来帮农民脱贫致富的，不是来追名逐利的！我只图太行山的老百姓能早一点过上好日子！"[②] 他从未收过老百姓一分一厘，不仅如此，还经常自掏腰包为农民提供技术服务。

李保国一生淡泊名利，却占尽了世间的名与利。他的名是太行山人民世世代代传送的大名；他的利是太行山百姓脱贫致富的大利。民心深处有丰碑，他的名与利都留在了百姓心中。

[①] 霍晓丽、王敬照、陈诚、张永利、杨威力、王峻峰：《太行山作证——追记河北农业大学教授李保国》，河北新闻网，2016 年 4 月 25 日，http://hebei.hebnews.cn/2016-04/25/content_5468147_3.htm。

[②] 王洪峰、王昆：《大爱，倾洒在太行山上——追记全国优秀共产党员、河北农业大学教授李保国》，新华网，2016 年 5 月 31 日，http://www.xinhuanet.com/2016-05/31/c_1118964949.htm。

(3) 大家和小家

李保国和妻子郭素萍有三个家,一个是城里的家,在河北农大家属院,一个是村里的家,在各个帮扶点的临时住所,还有一个"流动的家",就是那辆陪伴夫妻俩走遍帮扶基地山地平原之间的越野车。本应该作为真正的家的河北农大家属院,反而是夫妻俩待得最短的地方。而山里的家,是李保国日夜惦记的地方,那里有他的脱贫致富事业,有望眼欲穿等待他的老百姓,有他心中的"大家"。为驻村搞课题,夫妻俩把年迈的老人和年幼的孩子都接到山里。为了节约时间,他的越野车是车也是床。家是最小国,国是千万家。为"大家"他甚至忘记了"小家"的新年。2016年春节,夫妻俩到家已经是腊月二十九,想着简单置办点年货好过年,可是随后才想起来,2016年是小年,没有三十。幸好亲家邀请,才勉强过了个热闹的年。大年初五到初八,夫妻俩就奔波了9个扶贫点。

得其大者可以兼其小。把个人理想融入党和国家的事业中,个人也能成就一番事业。李保国把群众放在心上,群众必报之以"同甘共苦"。农民都把李保国当"亲人",当"体己人"。有一年春节,李保国在电话里兴奋地对河北农业大学党委副书记饶桂生说,"我们全家在岗底村过年呢,这儿热闹,就是呀,叫我去吃饭的人太多,不去谁家谁都不高兴,我一顿饭要吃两三家,有时一天要吃6顿饭!"[①]有一次,李报国开车经河北内丘县摩天岭村时遇到堵车。他心里着急,下车看看,村民一看是李保国,人群中有人喊道"快把我家院墙推倒,让李老师的车过去",没容李保国阻拦,村民们蜂拥而上,硬是把院墙扒开了一个大口子,让李保国的车开了出去。

知责任者,大丈夫之始也,行责任者,大丈夫之终也。李保国时刻牢记共产党员身份,自觉践行入党誓词,把事业看真、把百姓看重,矢志不

[①] 饶桂生:《李保国先进事迹报告会发言摘编——他是太行山的儿子》,河北文明网,2016年6月13日。

渝地为党和人民的事业奋斗，短暂生命被他的毕生追求浓缩成了"不忘初心，不忘根本"的 58 年。他生前曾获得过许许多多耀眼的荣誉，"全国优秀科技特派员""全国先进工作者""全国师德先进个人"……他的办公桌最显眼的地方，一直摆放着"共产党员先锋岗"标牌。他去世后，被追授"全国优秀共产党员""全国优秀教师""全国脱贫攻坚模范"，相信他最看重，最引以为豪的必然是"全国优秀共产党员"。

二、知识分子的优秀代表

李保国教授作为科技工作者，坚持科技创新，精准扶贫；同时作为人民教师，坚持教书育人、立德树人，他用自己的实际行动、一言一行，诠释了新时期科研工作者、人民教师的深刻内涵，彰显了共产党员的高尚品质，是当代知识分子的优秀代表。

1. 科技兴太行，扶贫拔穷根

（1）前南峪村：这个小伙子真有几把刷子

位于太行山浆水川南沟口的邢台县前南峪村，是李保国结缘太行的第一站。1981 年春天，河北农业大学决定在太行山区建立产学研基地，年仅 23 岁的李保国自告奋勇作为首批队员来到了前南峪。

当时的太行山交通不便、地形险恶、石厚土薄，前南峪虽经多年建设，基础设施略有改善，但村民还是常常食不果腹。全村 900 多人，40 岁以上的光棍汉比比皆是，"嫁女不嫁前南峪"的帽子一戴多年。

扶贫课题攻关组到了，农民却并不买账，又黑又瘦、土里土气、刚刚毕业的毛头小伙，能搞出什么名堂？李保国回答，"再来，我就不走了，把老婆孩子都接到这来，在这儿安家落户了啊！"①李保国说到做到，带着老婆孩子住进了四面透风的石头屋，一住就是四年。

为了摸清楚前南峪的"脾气秉性"，每天天一亮，李保国就揣上几个窝头，拎上一罐水，下沟上坡，踏遍所有的山头地块，搜集样本、做实验，详细记录第一手数据资料。晚上八九点回家，还要和农民们交流实勘情况，答疑解惑。他们发现，山上土层只有5—15厘米厚，再往下就是坚硬的石头，存水困难，所以"年年种树不见树"。

如何让树木成活？如何加厚活土层？土从何来？如何确保加厚的土层不被雨水冲蚀？一个个难题在起早贪黑的样本调查中，在与当地农民的切磋取经中，在煤油灯陪伴的无数的深夜思索中，李保国确定了"聚集土壤，聚集径流"的方向，形成控制爆破松土蓄水技术、隔坡沟状梯机械整地技术、片麻岩区防洪减灾工程技术等。

一次，李保国带领农民在麻峪沟爆破整地，自制的"土炸药"半天没响，李保国摁住好奇的村民，不顾安危，亲自查看。就在离爆破点还有几米时，"土炸药"爆炸了，所幸李保国没有受伤。农民们开始放下芥蒂，纷纷表示，"真是拼命三郎啊。人家为了咱都豁出命了，咱们也要可着劲儿地干呀"②。

一次，李保国回答完当天村民所有的问题，回到家已是深夜。他发现妻子脸色蜡黄，额头发烫，怎么也叫不醒。旁边的小儿子也冻得瑟瑟发抖，他噙着眼泪背起爱人就往诊所跑。第二天，还继续翻山越岭。李保国的儿子在山里待久了，说着一口地道的浆水话，因李保国的"小流域治理工程"被村民们亲切地称为"小流域"。李保国的妻子毫无怨言，"乡亲们给我儿

---

① 《绿染前南峪》，《邢台日报》2016年7月15日。
② 《绿染前南峪》，《邢台日报》2016年7月15日。

子起的这个小名有纪念意义"。

一次，李保国和时任前南峪建滩队队长郑津玉打赌，每人 100 棵苹果树，看谁管得好，"是骡子是马，拉出来遛遛"。一年后，李保国管理的果树每公斤高于市场价 6 倍，且供不应求。

一次，李保国与时任村农业支部书记的王晓棠起了冲突。王晓棠执拗地不愿意拧掉过于稠密的果子，李保国拿起扫帚，"在果树管理上，必须按照我的思路，不然我就不客气了。"他对村干部从来不客气，"村干部很关键，要干就干好，谁没有这个决心，就去干别的。"①

李保国对农民耐心细心，手把手指导，也敢于打赌硬碰硬，敢于叫板村干部和旧思维，农民们背后议论，"这个小伙子真有几把刷子！"

功夫不负有心人。经过十几年的开发治理，前南峪植被覆盖率达 94.6%，成了"太行山最绿的地方"之一，可谓是"山顶洋槐戴帽，山中果树缠腰，山底梯田抱脚"。

前南峪百姓开始过上了好日子。李保国对前南峪村党支部书记郭成志说，"我得去别的地方，别的山里了。你知道我的脾气，我是哪儿穷往哪儿钻，哪儿穷往哪儿跑。"②

（2）岗底村：依靠科技肯定能致富

20 世纪 80 年代，内丘县岗底村人穷山荒，人均年收入不足 80 元。1996 年李保国作为"科技救灾团"的一员来到岗底村，那时一场大洪水冲毁了岗底村的 250 多亩耕地和全村的厂房设备，遭受了巨大的经济损失。当时岗底村里种植了大片的苹果树，但外形瘦小、口感较差，真是既难看又难吃，被戏称为"小黑蛋子"，因此价格极低，2 斤苹果只能换一斤玉米。

---

① 《绿染前南峪》，《邢台日报》2016 年 7 月 15 日。
② 《"赶路"在太行山上——追寻新时期共产党人的楷模李保国的生命足迹》，新华网，2016 年 8 月 23 日，http://www.xinhuanet.com/2016-08/23/c_1119438493.htm。

村支书杨双牛与村民们渴望寻求出路，改变村里一穷二白的状况，让村民生活富裕起来。作为农业专家，李保国将目光聚焦在"小黑蛋子"身上，认为通过科学可以将苹果改头换面，可以作为岗底村致富的新希望，他对村支书表示"我是农村长大的，过去家里也很穷，所以我见不得老百姓穷。你相信我，依靠科技肯定能致富，咱们一块儿干，让老百姓尽快富起来，我一分钱也不要你的"。

从 1996 年至 2003 年，李保国带着妻子搬到了岗底村，连续 8 年常年吃住在岗底，白天钻果园查看情况，晚上上山用黑光灯测报虫情、分析研究解决方案，经过对全村 8000 多亩山场的调查，李保国详细记录了每一道沟谷的坡度、土质特征、地貌类型和植被情况，拿出了苹果无公害管理方案，为"富岗苹果"量身定做了 128 道标准化生产工序，从套袋、去袋、转果，到摘叶、铺反光膜、施肥，指导果农像工人生产标准件一样种植苹果，极大推动了优秀种植技术的推广和应用。他还根据太行山气候特征，把苹果树形由纺锤形改为垂帘形，增加通风透光度。针对农村实际耕种者普遍年老体弱的现状，他推出了一次性整地、架黑光灯诱杀害虫等省时省力的技术。

岗底村注册的"富岗苹果"多次获得殊荣，1999 年荣获昆明世博会银奖，2011 年成为中国驰名商标。昔日穷山村，如今人均年收入达 2.9 万元，被称为"太行首富村"，富岗苹果连锁基地发展到太行山和燕山 11 个县/市，共 369 个村，种植面积达 5.8 万亩，产量超过 1 亿公斤，带动了 7 万多农民走上脱贫致富。

（3）凤凰岭："绿岭"薄皮核桃好产业，产好业

临城县的凤凰岭以前遍布鹅卵石，且缺水、少土，属于"洪积冲击多砾石岗地"，土地状况十分不利于栽植果树。为把荒地变绿洲，李保国从 1999 年开始，通过考察土壤、气候、市场等，因地制宜，为丘陵地区制定了种植核桃的产业发展方向，并选取凤凰岭作为实验基地，采取了"聚土集水"的开发策略，选种薄皮核桃，用 10 年时间解决一个又一个难题，

形成了配套的优质薄皮核桃绿色高效栽培技术体系。这一新品种具有皮薄、仁饱的特点，可以像吃花生一样轻轻一捏吃核桃，全国仅此一家，而且两年结果，种植高效，果实优质。2003年，被命名为"绿岭"的薄皮核桃一经上市即获得巨大成功，每公斤价格高达35元。如今，过去草都长不好的荒岗秃岭成了"花果山"，并且"绿岭"的薄皮核桃不断得到推广，种植面积已经达到60万亩，年产值超过20亿元。

绿岭公司已经发展成为全国知名企业，并致力于以种植薄皮核桃来实现精准扶贫的目标，探索出"公司+基地+合作社+农户"的产业扶贫新模式——向贫困群众低价提供苗木、免费提供技术服务和种植经验、以高于市场价回收合格的核桃原果。目前绿岭公司已经成为国家级扶贫龙头企业，带领8个乡镇、138个行政村、3万贫困群众共同致富。

（4）葫芦峪模式：精准扶贫好机制

平山县葫芦峪村属于太行片麻岩区，石厚土薄，沙多水少，山场引水困难，世代农民看天吃饭，石头缝里刨食，生活困苦。园区负责人刘海涛曾斥资千万，改造荒山，但是海外技术在特殊地质中不尽如人意。2009年，李保国受邀考察这个"穷葫芦"。来到葫芦峪，李保国撸起袖子，投入"战斗"：他开掘上百个地层剖面，对土样逐个检验；他在暴雨、暴雪中定点测量，记录雨水、落雪对坡度的冲击力度和土层气温变化；他跑遍了山上的沟沟坎坎收集自然植被性状，佐证土样分析结果……李保国犹如发现了"沉睡的宝藏"——一张集山、水、林、田、路综合治理于一体的现代化农业园区建设蓝图缓缓铺就。李保国结合30年的治山经验，带领村民在山上开路，在谷底挖掘蓄水池，在山坡平整梯田，栽种苹果、核桃、板栗等经济作物，逐步探索出"大园区、小业主"的经营机制。

脱贫攻坚，贵在精准，重在机制，落在实效。实践证明，在贫困地区建立规范的股份制企业，积极吸引战略投资，因地制宜选择产业，吸收公司加农户经营模式的优点，深度挖掘当地农民内生动力，能促使贫困群众快速稳定脱贫。

一方方错落有序的梯田里果实郁郁葱葱,池塘倒映着村民忙碌的身影,如今的葫芦峪不仅经济作物价值不菲,由此形成的现代农业示范区观光旅游也成为拉动当地经济发展的马车。村民素素说,一个"五一"小长假,自家的农家乐就获得了万余元收入,相当于过去几年收入的总和。"穷葫芦"变成了"金葫芦",并且成为可复制的样本,走出了太行山,多点开花。

2. 学有用之识,成有用之才

35 年的田间地头,李保国不断因时因势因需,扩展知识领域,在研究上不断"跨界",在专业上不断"反串"。大学时李保国学习桑蚕专业,走入太行山后开始研究山区治理,1986 年随国家重点攻关课题"太行山高效益造林绿化配套技术研究"进行爆破整地技术研究,1999 年开始研究干旱丘陵岗地"聚土集水",2005 年已经是博士生导师的他,获得中南林学院森林培育学博士学位[①]。

在前南峪造林时,他研究生态、土壤、径流、气候;在富岗种苹果时,他研究昆虫、肥料、栽培和标准化生产;在葫芦峪综合治理时,他研究"大园区、小业主"园区经营机制;在农副产品品牌竞争时,他研究技术创新与市场规模。他会造"土炸药",会整梯田,会给苹果穿衣,会给核桃换衫。"农民群众脱贫致富需要什么,我就研究什么""跨界不怕,什么东西都是该学就学。"[②] 简单的话语生动地诠释出李保国学以致用的治学准则;"有什么办法使这种仅有书本知识的人变成名副其实的知识分子呢? 唯一的办法

---

① 《中央组织部追授李保国同志"全国优秀共产党员"称号》,新华网,2016 年 5 月 30 日,http://www.xinhuanet.com/politics/2016-05/30/c_1118957402.htm。

② 安人和:《知识分子的优秀代表——李保国精神内核解析(二)》,《河北日报》2016 年 6 月 28 日。

就是使他们参加到实际工作中去，变为实际工作者，使从事理论工作的人去研究重要的实际问题。"①从宏观到微观，从单项技术到宏观产业设计，李保国都钻研。李保国这样将理论与实际紧密结合，实事求是、与时俱进。他用实际行动表明，知识分子，特别是从事应用科学研究的知识分子，要学有用之识、成有用之才，就要全身心地投入到实际工作中去，因为那里跳动着时代的脉搏，最能告诉你"该学习什么"。

"两聚"造林理论、太行山石质山地爆破整地造林技术、山区高效综合治理工程技术体系、山区特色优势林果产业化技术体系、太行山板栗集约栽培技术、优质无公害红富士苹果配套栽培技术、绿色核桃配套栽培技术……李保国先后获得国家科学进步三等奖1项，省部级科技进步二等奖7项，省部级科技进步三等奖9项，其中2014年荣获河北省科学技术突出贡献奖。②习近平总书记指出，知识分子要增强创新意识，敢于走前人没有走过的路，敢于抢占国内国际创新制高点。③知识分子要敢于"无中生有"，引领创新，勇立潮头，就必须既沉下心来做研究，又对接现实需求，深入基层，深入实际，因为那里最能体现时代要求、问题导向，最能告诉你"该研究什么"。

打造了"富岗"苹果、"绿岭"核桃等全国知名品牌；前南峪被誉为太行山区一颗璀璨的明珠，获得联合国"全球环境保护五百佳"提名奖；让140万亩荒山披绿，帮10万多农民脱贫……科技精准扶贫35年，李保国让科技真正成为了"大自然和人类的福音"。习近平总书记指出，全面建成小康社会，我国广大知识分子能够提供十分重要的人才支撑、智力支撑、

---

① 安人和：《知识分子的优秀代表——李保国精神内核解析（二）》，《河北日报》2016年6月28日。
② 刘玉岭：《李保国获河北省科学技术突出贡献奖》，新华网，2014年3月23日。
③ 《习近平在知识分子、劳动模范、青年代表座谈会上的讲话》，新华网，2016年4月30日，http://www.xinhuanet.com/politics/2016-04/30/c_1118776008.htm。

创新支撑。① 要让知识服务于发展、造福于人民，知识分子就必须坚持国家至上、民族至上、人民至上，重道义、勇担当，重实际，敢作为。做人民群众的解惑者、服务者，做社会进步的推动者、促进者。因为人民群众那里，有推动社会发展的坚实力量，最能告诉你"该为了什么"。

3. 随风潜入夜，润物细无声

李保国注重言传身教，用知识魅力和人格魅力教育影响学生。李保国常说，无论是学习还是工作，最关键的是要踏实、认真。2008年，李保国安排学生陈利英对受旱严重的一片核桃树进行土壤、叶片、果实取样，并做浇水前后含水量测量。陈利英随手将数据记录在了一张纸上，之后被遗忘丢失。李保国非常生气，"大旱不是每年都有，错过了这次调查也就错过了解决类似问题的机会。"李保国先后带过67名研究生。入学之初他会给每一个学生3年学习任务清单，每一项都有明确的时间节点和细节要求。他会随时抽查阶段性任务完成情况，如果不能按时完成，甚至会被留到大年三十直到完成才能回家。他坚持将科技知识与生产实践相结合，把讲台搬到了田间地头，在实践教学中提高学生的创新创业能力，他的硕士、博士生的专业学习、实习报告、毕业论文，都在太行山的田间乡野完成，虽一定程度上远离校园，但全部如期毕业，而且这种手把手、肩并肩的教育模式，收到了极好的教育成果。许多学生在校期间就取得了骄人成绩，自设立国家奖学金以来，他的所有研究生都获得过国家奖学金。由于理论过硬、实践操作强，李保国的学生在就业市场非常受欢迎，很多单位抢着要。

高山仰之，景行行止。在他的影响下，一批又一批学生、教师放弃

---

① 《习近平在知识分子、劳动模范、青年代表座谈会上的讲话》，新华网，2016年4月30日，http://www.xinhuanet.com/politics/2016-04/30/c_1118776008.htm。

舒适的城市生活,走出课堂,投身科技扶贫主战场,获得了多项科研成果。以前核桃树修剪是在秋季和冬季,在李保国的指导下,学生汤轶伟仔细分析季节、温差、光照对核桃生长的影响,经过严格的反复实验,他们将修剪时间确定在春季核桃树发芽前的20天以内,恰当地规避了秋季修剪对树体营养积累的影响和冬季修剪会引起的养分流失。目前,这一创新成果已经写进了教科书。学生史薪钰,在葫芦峪的山地开发中,从事坡面结构稳定的影响因素研究。在李保国的指导下,经过两年多的实践,取得了当年治理、当年坡面稳定的效果。目前,史薪钰的研究成果已在河北全省推广。①

孤举者难起,众行者易趋。李保国常说,科技致富,不能光依靠我一个人,要把农民变成我,把大家都培养成管理果树的专家。他深知扶贫先扶智,闲暇之余就张罗着给农民们办夜校,搞培训,科技"土把式"遍地开花,仅岗地村就有191人获得了国家级果树工证书,堪称全国第一个"持证下田"的村庄。岗底村有个人叫梁山林,是个快40岁还打着光棍的懒汉,李保国专门找到他,手把手教他种苹果,带着他一起上山下乡。现在梁山林娶媳妇、住楼房、开轿车一个都不落。李保国去世后,郭素萍含泪忍下悲伤,与齐国辉一起组成了"李保国科技服务队"。郭素萍带着这支20多人的科研团队,沿着李保国的前进方向,行走李保国战斗过的地方,在邢襄大地继续播撒着科技的"火种"。"李保国扶贫志愿服务队""128保国科技服务队""绿岭李保国技术扶贫服务队"等越来越多的团队传承李保国精神,行走在山间田野、义务服务乡邻。越来越多的"李保国"在河北涌现。"只要能让更多的百姓脱贫致富,就是对保国最大的告慰。保国未完成的

---

① 霍晓丽、王敬照、陈诚、张永利、杨威力、王峻峰:《太行山作证——追记河北农业大学教授李保国》,河北新闻网,2016年4月25日,http://hebei.hebnews.cn/2016-04/25/content_5468147_3.htm。

事业，我们会接着完成，我会把太行'愚公'的精神传承下去。"①郭素萍坚定地说。

三、太行山上的新愚公

太行山区土壤干旱，土层瘠薄，水土流失严重。李保国深耕太行山区，致力于山区开发治理、果树种植技术等研究。不能移山，却能易山。35年间，这位"太行新愚公"完成28项技术研究成果，推广36项实用技术，培育了16个山区开发典型案例。李保国驻留过、指导过的地方总是有各种令人津津乐道的"奇迹"——前南峪已成为国家级4A级景区，岗底"富岗苹果"已成为全国驰名商标，绿岭已是全国最大优质薄皮核桃生产基地，贾宋镇已成为全国最大的红树莓种苗组培中心……而创造这种奇迹的李保国被人们称作"太行山上的新愚公"，将永远被人民铭记。

1. 持之以恒、久久为功

让群众的生活越来越好，是一个永无止境的目标。35年，弹指一挥间。李保国踏遍了太行的沟沟坎坎，把太行山区生态治理和群众脱贫奔小康作为自己的毕生追求。泰山不让土壤，故能成其大。李保国正是用持之以恒、久久为功的实际行动，锲而不舍地"坚持学习、学习、再学习，坚持实践、

---

① 《太行"愚公"之妻郭素萍续写"愚公"新篇章》，中国新闻网，2017年4月13日，http://www.chinanews.com/sh/2017/04-13/8198347.shtml。

实践、再实践"①，用科技力量迎来了属于太行山的"梅花香"。

天下难事，必作于易；天下大事，必作于细。李保国曾说：有人说我运气好，干什么成什么。我觉得不是运气，而是我这个人"安、专、迷"。安就是安下心来，专就是专心致志，迷就是痴迷其中。李保国为富岗苹果培育，连续8年常年吃住在岗底，经常日月为伴深入田间地头；为绿岭核桃的发展奉献了17个年头，五千多个日夜，在新品种实验攻关时，为了掌握核桃开花授粉的第一手资料，每天观察六个小时，从上午十点一直到下午四点，每天背一个水壶和两个馒头作为午餐，风餐露宿坚持了一个月……2003年初，李保国带着学生到绿岭核桃基地实习，他亲自示范嫁接步骤。与学生们一起，头顶烈日，或蹲着或跪着嫁接四五十厘米的小苗。一天下来，年轻小伙子都叫苦不迭，但是李老师要求第二天还要接着练，不仅要学会，还得学好、学精，提升速度。他说，所有的技术都是这么练出来的，没有任何捷径。将来搞科研要想出成果、让农民信服，先得学会吃苦，不分男生女生。2013年4月19日，石家庄以南地区竟然下起了鹅毛大雪，气温骤降，这对已经进入盛花期的果树是致命灾害。李老师得到消息后，紧急通知学生"摇树除雪、熏烟防霜、霜后及时补充营养"。李保国彻夜未眠。他不顾个人安危驱车来到绿岭，紧急带领学生们防害减灾。当年河北省中南部核桃几乎全部绝收，但李老师指导的绿岭基地却几乎没有减产。

这样的事例在李保国老师的工作和生活中不胜枚举。每项科研成果的取得、每个技术体系的形成、每个体制机制的建立，都是李保国呕心沥血的成果。这种持之以恒不仅表现在工作中，也凝聚在对待科研的态度上。李保国作为一名大学教授，坚持不为科研而写论文，他常说，搞科研不能纸上谈兵，要真刀真枪解决生产一线的实际问题。始终明确"老百姓脱贫

---

① 《习近平强调：在全党大兴学习之风 依靠学习和实践走向未来》，人民网，2013年3月8日。

需要什么就研究什么"是科研攻关的终极目标,"生产为科研出题,科研为生产解难"是科研工作的基本理念,"父老乡亲都富起来,我的事业才算成功!"带着这个最大梦想和自我期许,李保国始终不辍耕耘,志在"把最美的论文写在太行山上"。①

2. 迎难而上、主动担当

"道虽迩,不行不至;事虽小,不为不成。"扶贫攻坚绝不是轻轻松松、敲敲打打就可以完成的。而是需要拿出"愚公移山"的劲头,坚定"不积小流无以成江海""万丈高楼平地起"的信念,发扬钉钉子精神,一锤子一锤子往下敲,一片地一片地往下干,一步一步往前迈。锲而不舍、求真务实、迎难而上、主动担当,才能把致富梦想变成富裕生活,才能把奋斗尽责变成宏伟业绩。

李保国以科学技术为利器,主动到艰苦的太行山区开始史无前例的扶贫富民工作,而且"哪儿穷去哪儿,哪儿偏奔哪儿"。他驻扎前南峪村,为了解决当地石厚土薄、不能存水的巨大缺陷,李保国殚精竭虑、因地制宜,确定了"聚集土壤,聚集径流"的策略,但这种与石头较劲的做法最初并未得到农民的支持,"异想天开""逼着全村群众要饭吗?"的质疑接踵而至。李保国并没有退缩。没有炸药,自己造;没有沟渠,人工挖;没有设备,手提肩扛。炸山、造地、筑坝,植树、种草,前南峪没有一座他爬不上去的山,没有一处他钻不下去的坝,他挑着担子,挥着大镐,融入前南峪人热火朝天的队伍中,竟然无法分辨。

在岗底村,李保国推广苹果套袋技术时,也同样遇到质疑和阻碍。由

---

① 《"赶路"在太行山上——追寻新时期共产党人的楷模李保国的生命足迹》,新华网,2016年8月23日。

于这项新技术当时在河北省尚无先例，最初遭受到了群众的普遍质疑，李保国则拿出 5 万多元科研经费购买了 160 万个纸袋，亲手教村民套袋。秋天，满果园又大又红的苹果让村民笑逐颜开，根据大小不同价格每个苹果价格高达 10—50 元，极品苹果最高价格甚至卖到了 100 元的天价。

在南和县的树莓研发和种植也不是一帆风顺，当地从 2014 年开始致力于发展红树莓种植，但由于缺少适应本地条件的技术，树苗成活率仅 10%，李保国认为这是脱贫致富的好项目，主动挑起大梁，在一个多月时间里，他跑遍了全国各地考察、调研，不仅抽调研究生开展树莓技术基础研究工作，同时力邀国内育苗专家加入，致力于红树莓新品种的培育。在李保国及其技术团队的支持下，南和县建立了国内最大的树莓种苗组培中心，成为"中国树莓谷"，年产树莓种苗 1500 万株，可满足 2 万亩土地的种植发展需求。

农业扶贫不仅面临科研攻坚的难题、群众质疑的压力，同时也需要应对艰苦的工作环境和生活条件，但李保国身先士卒，不畏艰险，始终坚持在农村一线。1999 年，河北绿岭果业有限公司刚刚成立，条件艰苦。李保国的临时宿舍是荒岗上的窝棚式的小房，冷起来室内温度可达零下十多摄氏度，热起来时又能蹿到零上四十摄氏度。公司领导照顾他的身体，想给他改善一下居住条件，李保国却坚持与大家同吃同住，"我是来干事的，不是来享福的！住在城里耽误时间，还不能掌握第一手资料，我就住在这。"① 总在果园中穿梭，李保国的衣服补丁摞补丁，家人和朋友看不下去，想给他换件新的，他都坚决拒绝。寒冬腊月，为了让所有学生都能够听懂冬季修剪技术，李保国把课堂搬到了树上，50 岁多的他爬到树上一遍一遍不厌其烦地讲解示范。前南峪村党委农业支部书记王小堂感慨万千："一个

---

① 王洪峰、王昆：《大爱，倾洒在太行山上——追记全国优秀共产党员、河北农业大学教授李保国》，新华网，2016 年 5 月 31 日，http://www.xinhuanet.com/2016-05/31/c_1118964949.htm。

大学教授,来到我们这个小山村,住在这里,和村民一起干活儿,带领我们治山,教我们种果树,帮我们致富,几十年如一日,从来没提出过特殊要求。这样的教授太少了!"①

李保国常说,"要想干事,哪还能怕事?该站出来就得站出来,该担住了就得担住了。"正是这种大无畏、带头干的精神,充分获得农民的信任,技术得以实施,策略得以贯彻,农民走上了科技致富的道路。

3. 时不我待,只争朝夕

习近平总书记告诫全党,"以永不懈怠的精神状态和一往无前的奋斗姿态""撸起袖子加油干"。只有紧紧抓住大有可为的新时代新机遇,以"时不我待"的使命感,"只争朝夕"的紧迫感,争分夺秒的苦干、实干,才能干出实效,干出业绩,造福人民,共创新时代芳华。李保国的一生是按了快进键,与时间赛跑的一生。

作为与土地较劲的应用科学学者,他做到了以土地为本。李保国扎根太行山35年,开着他的越野车,在太行山的村村镇镇来来回回年均行车4万多公里,每年深入田间地头200多天。仅从2016年元旦到他去世的101天里,到山区时间就达62天,行程7860公里。石家庄、承德、张家口、秦皇岛、唐山、保定、邢台,都留下了他的足迹。岗底村党总支书记杨双牛说,刚到岗底,李保国看到果树疯长不挂果,心急如焚,起早贪黑扎在深山里,每天跑50多里山路,经常晚上连炕都上不去。岗底大大小小350多个果园,面积3500亩,哪个果园是谁家的,生长情况怎样,有什么问题,需要如何调整,他都了如指掌。

---

① 王洪峰、王昆:《大爱,倾洒在太行山上——追记全国优秀共产党员、河北农业大学教授李保国》,新华网,2016年5月31日,http://www.xinhuanet.com/2016-05/31/c_1118964949.htm。

作为大学教师，他始终勤勉工作，牢记教书育人的基本职责。李保国负责教授研究生和本科生课程11门，全年416学时，却从未调过一次课。河北农大林学院院长黄选瑞介绍说，"有一次，我俩一起在廊坊开会，中午12点散会，李保国没来得及吃饭就匆匆往回赶。我问他为啥这么急，他说下午4点还有研究生的课。"① 河北绿岭果业有限公司技术总监陈利英是李保国的学生，他记忆中的李老师总是提前到教室，随时解答学生的问题。河北农大在读博士生孙萌回忆，2016年1月的一天，她傍晚五点左右将论文发给李老师，第二天李老师已经将论文修改后发回，时间凌晨4点36分。论文里"对照多少？下边都缺对照，不要嫌烦"的修改批注特别醒目，甚至连错误的标点，李老师都给修改过来了②。他就是这样，白天在地里劳作，晚上在书桌前继续工作，不知道他究竟熬过了多少个不眠夜。作为老师，他做到了以学生和课堂为本。

作为点石成金的"农民"教授，他"活着干，死了算"，与时间赛跑，力求多作贡献。河北农大校领导心疼李保国的奔波，提出给他配专职司机，被李保国口拒绝，"我天天上山下乡，铁打的司机也受不了"。他考了驾照，让妻子郭素萍坐在副驾驶，帮他接打电话、回复咨询、安排工作、记录重要信息、联系事情。李保国喝水、吃药、午休，甚至吃饭，都在车里。慢慢地，后备箱里塞得满满当当，成了一个名副其实"流动的家"。他上车当司机，下车当劳力，乐此不疲地专注于他的太行大事。可是，"铁打的司机都受不了"，他又怎么吃得消？

1998年李保国就被查出患有糖尿病，2007年确诊患上疲劳性冠心病，75%血管狭窄，连支架都做不了，只能做搭桥。但医生说搭桥后需要安心

---

① 徐运平、杨彦:《"铁人"李保国：扎根山区35年 每年深入田间地头200多天行车4万多公里》，人民网，2016年5月3日，http://he.people.com.cn/n2/2016/0531/c192235-28427980.html。

② 聂书雪、李保国:《彻夜未眠改论文》，《邢台日报》2016年7月7日。

休养。所以他选择保守治疗。有一次，在果园做调查时李保国心脏病犯了，医生检查后要求马上住院，且专门在李保国床头插上了"绝对卧床休息"的牌子。可是医生一出去，他就坚持要求出院，坚称"还有很多事情没做完"。2015年冬天，李保国饭量越来越小，脸色越来越差，很多人劝他去医院看看，他多次答应，却往山里跑得越来越频繁。2016年4月2日，杨双牛看不下去了，说了句狠话"李老师你不听话，不想要命了"！李保国说，"双牛你不是不知道，那么多农民在等着我，我脱不开身……"①

作为知识分子，他并不是不知道自己的身体状况，而是因为知道，他才更加拼命，他怕时间不够，来不及把所学所知教出去；他怕少帮了一个点，就可能辜负一群人的希望。因为在他心里，帮农民致富比什么都重要。为了百姓早一天脱贫，李保国像个"拼命三郎"，直到生命最后一刻。

四、结语

李保国是新时期共产党人的楷模，他不忘初心，牢记使命，满怀心系群众的人民情怀和将个人理想融入党和国家事业的家国大义；李保国是知识分子的优秀代表，他不驰于空想、不骛于虚声，依靠科技因地制宜探索出太行山的扶贫道路；李保国是太行山上的新愚公，他持之以恒、久久为功，迎难而上、主动担当，时不我待、只争朝夕，演绎了"愚公移山"的感天动地和"点石成金"的不朽传奇。心有大我，至诚报国。李保国同志是新时代的先进典型，李保国精神是时代精神的生动体现。

---

① 徐运平、杨彦：《"铁人"李保国：扎根山区35年 每年深入田间地头200多天行车4万多公里》，人民网，2016年5月31日，http://he.people.com.cn/n2/2016/0531/c192235-28427980.html。

太行山,她从远古走来,绵延千里、层峦叠嶂,尽显天地造化。太行山,她走过荒凉与悲壮,谱写岁月沧桑和风云变幻。她是一座英雄之山,凝聚了中华民族顽强拼搏、开拓创新、奋进担当的魂魄和气节。太行山是李保国的"家""国",乃至"天下",他"金戈铁马",振聋发聩地发出"你的幸福我包了"的呐喊并用行动践行诺言。

"三十年扎根山野,倾情奉献。你用科技的力量,把荒山秃岭丢进历史,把绿水青山留给未来;你用责任和担当,让贫穷困苦成为过去,让富裕文明变成现实……"点石成金的农民教授李保国最终还是回到了太行山,滋养着热爱的土地,久久地守护着他的初心。

郭素萍:离开李保国的 796 天①

2018 年 6 月 15 日,记者采访郭素萍时,正是李保国离开后的第 796 天。这两天,郭素萍的行程安排得满满当当——参加完河北农业大学林学院 2018 届毕业典礼,她拎着大行李箱,乘坐晚上九点多的列车赶到了邢台。第二天一早,她要去沙河看看当地种植的葫芦长势。

郭素萍和李保国 1981 年结婚后,两人一起生活了 35 年,既是生活伴侣,也是工作搭档。

告别爱人,河北农业大学林学院研究员郭素萍,选择继续行走在李保国奋斗过的田间地头。她和丈夫之前带领的 20 多人的科研团队,成立了"李保国科技服务队",完成李保国未竟的事业。

"只有走在科技扶贫的路上,才会觉得保国没有离开,还在我的身边。"

---

① 选自《郭素萍:离开李保国的 796 天》,《河北日报》2018 年 7 月 5 日。

郭素萍说。

"希望同学们热爱林业，做合格的务林人"

记者： 明天就到端午节假期了，您没计划休假吗？

郭素萍： 没什么概念。保国在的时候，我俩对各种节日就不关注，现在我一个人，更不在意了。

记者： 昨天晚上九点多，您一个人从保定赶到邢台来，您在忙什么？

郭素萍： 最近正在筹建岗底林果农资服务站，绿岭核桃基地也得去看看。而且沙河这边有个大学生村官，邀请我去给他看看当地种植的葫芦长势。这虽然不是我专业，但是既然打来电话了，咱就得去了解一下。

昨天下午，我参加了河北农业大学林学院2018届本科毕业生的毕业典礼，代表老师给孩子们讲些对他们的希望。

记者： 您对他们讲了什么？

郭素萍： 我是河北农业大学林学院的研究员，以前也一直带学生毕业实习。看到这些孩子们即将走上工作岗位，我特别感慨。

1981年大学毕业我被分配到滦县后，又调回学校工作，也正是从那时开始，我和李保国老师一起走进了林业，走进了山区百姓的田间地头，细细数来已有37年。

正是这30多年的教学、科研工作，让我感悟良多，收获多多。从事林业行业，让我的朋友圈变大了。我的电话本里有很多农民的电话，尽管有些素未谋面，但不时通话已然让大家变成了老朋友、老相识。

而且从事林业工作，让我有机会尽自己所能去帮助山区百姓开展林业建设与生产工作，让我目睹了林业发展给山区百姓带来的翻天覆地的变化。那里不再是以前吃不饱穿不暖的穷山沟，他们是持证上岗的新农民，是开着汽车、住着洋房的职业农民，是林业的发展让他们生活变得越来越好，让他们感受到了收获的喜悦与幸福。

记者： 您希望毕业生们继承李保国教授和您的事业吗？

郭素萍：作为师长，我希望同学们热爱林业事业，做合格的务林人，积极投身祖国的林业建设。

绿水青山就是金山银山。生态文明建设离不开林业工作者的辛勤劳动与艰苦努力，林科大学生理应积极投身林业建设，发展林业产业，为美丽中国积极贡献个人的聪明才智与青春激情。

记者：作为研究员，李保国教授离开后，您是不是可以选择稍微轻松一些的工作？

郭素萍：昨天毕业典礼的时候，学院的卢振启书记非得把主席台中间的位置留给我，我没同意。保国走了之后，党和国家、学校已经给了我很多荣誉。正如我对孩子们说的，一个合格的务林人，最好的回报不应该在实验室里，而应该在果园、在山上、在农民身边。保国把最好的论文写在了太行山上，我还得继续写。

最重要的是，果农们还需要我们。我的技术虽然不如保国全面，但是还有我们的团队。现在，我的手机号已经通过媒体公布了，每天有不少农民给我打电话，我不能辜负他们的信任。

特别让我欣慰的是，我们的一些学生逐渐成为扎根山区、服务"三农"的有用之才。河北农大也在全省最先成立"李保国扶贫志愿服务队"，组建分队26支、小队122支，对接帮扶全省105个贫困村、88项帮扶项目。

如果说有点私心的话，那就是只有走在岗底、绿岭的果园里，走在太行山、燕山上，走在科技扶贫的路上，才会觉得保国没有离开，还在我的身边。

记者：您平时都是自己拿着这么大的行李箱，坐火车出行吗？

郭素萍：以前我和保国都是开车出去，基本上车就是我们移动的家。保国不在了，我不会开车，有时候学院或者团队要开车送我去，但那太麻烦了，又浪费。能自己去的地方，我都是自己去。

记者：您身体怎么样？

郭素萍： 岁数大了，也有点毛病。我知道你想说什么，放心吧，我心里有数。我会坚持，跟保国一样，干到走不动的那天。

"我要实现保国留下的三个愿望"

记者： 看行程，除了邢台，您还经常到全省各地跑，您现在的工作重心是什么？

郭素萍： 前南峪、岗底、绿岭、平山葫芦峪等基地是保国的心血。果树这东西必须时时管理、事事操心，我和团队里的老师们来邢台这边自然多一点。现在苹果都已经套袋了，核桃长势也不错，这边事情少一些，我就腾出一部分时间，到唐山、衡水的一些果园里多转转。

记者： 您的手机号现在已经是果农们的求助热线了吧？

郭素萍： 在太行山一些农村，保国的手机号就是果农的求助热线，他存有400多位农民电话，一开始因为有的农民不知道保国去世的消息，求助电话依然不断。保国在邢台用的手机号，我也没办理停机，承担起了答疑工作。

果农的求助电话就是一份信任，电话背后的难题，也是我所牵挂的事。遇到回答不上来的问题，我就咨询其他专家。后来我又把自己的手机号通过媒体告知广大果农，让他们有事就给我打电话。

保国去世后，留下了20多人的科研团队，我们成立了"李保国科技服务队"。保国走了，团队还在，我要实现保国留下的三个愿望。

记者： 李保国教授留下了哪些未实现的愿望？

郭素萍： 保国生前，根据他在太行山30多年的扶贫攻坚实践，提出了以岗底为中心，建设178平方公里生态大花园的设想。

他想促进全域旅游、太行山苹果小镇和国家级自然资源保护区建设充分融合，形成一个新的可复制的生态经济发展模式。

这是一条区域生态经济发展的时代新模式，符合"绿水青山就是金山银山"的绿色发展理念，契合京津冀协同发展中河北作为生态环境支撑区的功能定位。

记者： 现在这个项目进展如何？

郭素萍： 保国在去世前一周跟同事们说，等忙过了这一段，要亲自写生态大花园的规划。保国走了以后，我们河北农业大学决定把这个规划作为学校的一号工程，举全校之力继续推进下去。现在已经召开了好几次太行山生态大花园规划项目论证会，取得了很大的进展。

这个项目倾注了保国很大的心血，可惜他看不到生态大花园建成了。我要跟学校一起，继续往前推一推，争取早点实现他的愿望。

记者： 除此之外呢？

郭素萍： 保国生前最后几年，致力于把太行山开发的成熟模式推广到更多地方。在滦平，规划了以"小国光"为主的6个精品苹果园，共计1900亩；在江苏徐州睢宁魏集镇，帮助规划了60多亩的核桃种植项目……

现在可以说，这些项目的技术服务没有一个出现"断档"。如今，滦平苹果园全部完成苗木定植，成活率在85%以上。睢宁魏集镇正在全镇推广种植2000亩核桃。

苹果大苗建园试验是保国生前的另一个心愿。常规苹果树苗建园模式，一年栽植，三年结果，五年丰产，投资见效慢，农民顾虑多。保国一直有试验"一年栽植，二年结果，三年丰产"大苗建园的构想。

我们团队始终在研究这项种植技术，通过我们的努力，大苗建园试验已经成功。现在可以说，保国的这个愿望可以实现了。

记者： 听说您还在推一个红树莓的项目？

郭素萍： 红树莓对提高人体免疫力特别好，这也是保国生前特别关注的一个项目。我们现在有这么个计划，想在保定建个红树莓试验基地。我们的组培育苗、栽培技术、病虫害防治等技术已经成熟，深加工有好几个专利正在申请当中。基地建成后，将会带动全市乃至全国的红树莓产业往前发展。

记者：这么辛苦图什么呢？

郭素萍：保国最大的心愿，其实还是要通过发展林果业，让农民们富起来，农村美起来。对我个人来说，名誉国家给了，还当上了全国人大代表，职称评到头了，工资也够花。做这些，就是要对得起保国，对得起农民，对得起党和国家的厚爱，对得起自己的初心。

"为农民服务，就得拿出为亲人们办事的样子"

记者：您常年在外，把果园、基地当家，那家里人您顾得上吗？

郭素萍：我确实愧疚，我的小孙子都是由他姥姥带着。因为经常来来回回地跑，6岁的孙子有时候会问我，奶奶你一直换工作吗？

原来我和保国一直说，我们有三个家：一个是城市里的家，在保定市的河北农业大学家属院；一个是山里的家，在各个帮扶基地；还有一个是流动的家，就是常年穿梭在山地平原之间的那辆车。

之前，因为常年住在帮扶的村里，山里的家是生活中心。后来，帮扶基地多了，开车奔走于各地，在车上的日子越来越多。车成了我们流动的家，喝水、吃药、中午休息，都是在车里。

现在，车里这个家没有了，城里的家我一年待不了几天，反倒是去岗底或其他帮扶基地，我有了回家的感觉。

记者：亲人们怎么看？

郭素萍：我得感谢儿子、儿媳和亲家，他们给了我特别大的理解和支持。孩子主要是担心我的身体，我有高血压和糖尿病，见到我全是嘱咐吃药的事。

记者：在《太行赤子》这部电视剧里，感觉李保国教授和您，跟村里的农民相处得像亲人一样。

郭素萍：你把自己当农民，农民就把你当亲人。30多年前我跟保国在太行山治山治水时，就是这个信念。

保国离开后，他帮扶过的地方自发悼念。一些农民提着苹果、鸡蛋到家里，还有人特意从外地赶来，在屋里陪了我三天。你说，这不就是亲人吗？

为农民服务，就得拿出为亲人们办事的样子。记得那年发洪水，苹果最怕涝，果园基建也怕冲，我就担心出岔子，第二天雨一小我就到岗底了。

没想到后来雨突然越下越大，道路毁损，手机信号中断。我跟乡亲们一起在"孤岛"上守了很多天。庆幸的是，保国设计的排水设施在洪水中发挥了作用，果园没有成灾。乡亲们说，命你都不要了，跟我们守在一起，这不是亲人是什么？

记者： 科技助农让您收获了一大帮朋友。

郭素萍： 不仅仅是朋友。我们团队是围绕科研课题而聚集起来的，队员主要包括河北农大教授及学生，有20多人。

保国骨灰安葬的当天下午，我们团队就在烈士陵园开了个会，重新进行了业务分工，我负责苹果，齐国辉负责核桃，张雪梅负责红树莓，马长明负责森林培育，陆秀君和张建光负责病虫害防治。

后来，我们的一些学生以及以前一起合作过的农民专家等，都加入了这个志愿者团队。再往后，全省甚至全国各地慕名而来或者跟我们联系的人越来越多了，他们有的想找我们指导，有的想合作，还有的就是想加入我们的团队，为农民们做点事。

我们这些人，是亲密无间的同事，是志同道合的朋友，在一定程度上说，我们还是通过保国联系起来的一群亲人。在实现保国愿望的路上，是他们一路帮助我走过来的。

保国走了，但是他的团队永远不会走。

"中国天眼"之父

南仁东

500米口径球面射电望远镜（Five-hundred-meter Aperture Spherical radio Telescope）被誉为"中国天眼"，简称FAST。FAST由我国天文学家南仁东于1994年提出构想，历时22年，终于在2016年9月25日，于贵州省黔南布依族苗族自治州平塘县克度镇大窝凼的喀斯特洼坑中落成启用。FAST是我国重大科技基础设施，具有自主知识产权，是迄今为止全球建成的最大单口径、最灵敏的天文射电望远镜。[①]FAST自启用以来，先后发现了51颗脉冲星候选体，其中已经有11颗被确认为新脉冲星。FAST的综合性能是著名的固定式、综合孔径射电望远镜和全可动射电望远镜阿雷西博的2.5倍，比德国波恩100米望远镜的灵敏度高10倍，能收到1351光年外的电磁信号，未来甚至能捕捉外星生命信号！FAST的建成让中国的射电天文领先世界水平10到20年。

古有十年磨一剑，今有二十年"铸天眼"。南仁东带领的FAST建设团队，实现了建成"中国天眼"的创新和跨越。在他人生最后的22年，只干了一件事，实现了一个梦想，那就是用生命铸就了世人瞩目的"中国天眼"FAST。[②]

一、人活着还是要做一点事

2017年9月15日，"中国天眼"仍在探视和跟踪宇宙的奥妙，但在美

[①] 《人生为一大事来——记"中国天眼"之父南仁东》，光明网，2017年9月28日，来源《光明日报》。网址：http://news.gmw.cn/2017-09/28/content_26363196.htm。

[②] 中共中央宣传部宣传教育局编：《时代楷模2017——南仁东》，学习出版社2017年版，第7页。

国治病的FAST的建设者,"中国天眼"之父南仁东的病房里,时间却停住了脚步。南仁东因病去世,这位为中国建设新一代射电"大望远镜"FAST工程的首席科学家、FAST工程的发起者及奠基人,却没有能再看"天眼"一眼,离开了我们。他倒在了"中国天眼"FAST建成尚未满一周年的时刻,时年72岁的南仁东,生命在欣慰与遗憾中戛然而止,留在中国大地上的是世界最大单口径、最灵敏的射电望远镜。

建设FAST的理想台址是在大山深处、远离电磁干扰的山谷洼地。为了寻找合适的台址,南老师带着300多幅卫星遥感图,实地勘察了80多个洼地几乎走遍了中国西南的所有大山、几十个大大小小的村寨、一些当地农民走着都费劲的山路、一些从未有人踏足的荒野,历时12年多。终于,南仁东和他的团队找到了建设FAST的最佳台址——贵州平塘的大窝凼。

他又用近十年时间进行项目论证和建设,走遍了FAST建设工程现场的每个角落,他知道自己罹患癌症,却为了国家的梦想,为了建设FAST,直到生命的最后一刻。

1. 二十二年只做一件事

时间回到1993年。在日本东京举行的国际无线电科学联盟大会上,中国、南非、澳大利亚、日本等十多个国家的天文学家提出,在全球电波环境继续恶化之前,人类应该建造新一代射电望远镜,接收更多来自外太空的讯息。听到这个提议后,年近50岁的南仁东兴奋不已:"如果能抓住这个时机,中国的天文学研究就有可能领先国际几十年。"[①]

射电望远镜是天文学基础研究的重器,也是国家战略发展的重要基础

[①] 吴月辉、喻思南:《他把目光投向外太空》,《人民日报》2017年9月28日。

设施。20世纪60年代的四大天文发现——宇宙微波背景辐射、类星体、脉冲星和星际分子，都是由射电望远镜发现的。正因如此，时任中国科学院北京天文台副台长的南仁东，敏锐地抓住了1993年国际无线电联盟会议这一机遇，提出了在中国建造直径500米、世界最大的单口径天文射电望远镜的想法。当时，我国最大的射电望远镜口径不到30米，从30米到500米，这听起来是个不可能完成的建设目标，要知道建设这样大口径的射电望远镜是一项非常复杂的系统工程，不仅建设项目难度极大，投资也很高。FAST项目是否能够通过审批，获得国家的投资批复，如何通过专家论证，获得专家团队的支持，如何解决工程建设中涉及天文学、电子学、力学、结构工程学、机械工程学、测量与控制工程学、材料学、岩土工程学等各个领域的建设难题，成为摆在南仁东面前的一个个难题。这样复杂的综合工程从设计到建设和运行，中间的难度可想而知。

南仁东认为，只有建设大口径射电望远镜，天文学的研究才能获得基础研究的信号和数据。这对于推进我国天文学的发展，深入研究宇宙微波背景辐射和星际分子，发现新的类星体和脉冲星具有至关重要的作用，将极大地推进我国天文学在大爆炸宇宙论方向的研究，促进人们进一步了解宇宙的本质和更深入了解宇宙生命产生的条件，为进一步发现太空生命，提供了实际的基础研究数据和推演价值。

目标定下来了，接下来是，在哪里建，怎么建？从1994年南仁东做出建设FAST决定的那一刻，年近50岁的南仁东开始主动请缨主持国际大射电望远镜可行性计划研究的推进工作。

谁也没想到，单是要解决在哪里建的问题就要耗时12年的时间。这十二年里，他亲自到每一个现场去勘察，实地勘察洼地合不合适，距离嘈杂的闹市有多远，是否有信号的烦扰。就这样，他踏遍青山、翻山越岭，最终选中了贵州省平塘县的大窝凼。他用12年回答了当时"是否有合适的地方"这一人们最为普遍的质疑。大窝凼是建造FAST的绝佳之地，"窝凼"周围几百米的山洼被四面的山体环绕，正好挡住外面的电磁波。

选址之后，南仁东就正式建议利用大窝凼喀斯特洼地作为台址建设射电望远镜项目。经过多年的研究，他提出了建设巨型球面望远镜FAST作为国际平方公里阵列射电望远镜（SKA）的单元的设想。

经过周密地论证，FAST在南仁东的努力下，2007年7月，国家发展和改革委员会批复500米口径球面射电望远镜国家重大科技基础设施立项建议书，原则同意将FAST项目列入国家高技术产业发展项目计划；2008年10月，国家发改委批复500米口径球面射电望远镜国家重大科技基础设施项目可行性研究报告；2009年2月，500米口径球面射电望远镜国家重大科技基础设施初步概算获得贵州省发改委批复；2011年3月，FAST工程开工报告获得批复，工程开工项目初步设计和概算获得中国科学院和贵州省人民政府的批复，概算总投资73263万元。

2016年9月25日，坐落在贵州省黔南布依族苗族自治州平塘县的射电望远镜FAST落成启用。500米口径、4450块反射面单元、近9000根高强度钢索，这个由南仁东团队创新设计、研发制造的"观天巨眼"——球面射电望远镜（FAST）竣工。最终建成的FAST相当于30个足球场的接收面积，是世界上目前建成及计划建造的望远镜家族中最大的、性能最好的。

FAST未来会使人类关于宇宙新知的探索又迈进一步。这个世界第一大单口径射电望远镜，可以把中国空间测控能力由地球同步轨道延伸至太阳系外缘，将深空通信数据下行速率提高100倍；可以将脉冲星到达时间测量精度由120纳秒提高至30纳秒，成为国际上最精确的脉冲星计时阵，为自主导航这一前瞻性研究制作脉冲星钟；可以进行高分辨率微波巡视，以1Hz的分辨率诊断识别微弱的空间讯号，作为被动战略雷达为国家安全服务。基于FAST的强大功能，如果银河系（直径约为15万光年）内存在外星人，他们的信息就很可能被发现。因此国际科研项目"搜寻外星人计划"（SETI）的首席科学家丹·沃西默最近向中方提出合作搜索外星生命信号。

知易，行难。历经 22 年，从壮年到暮年，他把一个朴素的想法变成了国之重器，成就了中国在世界上独一无二的项目。① 从 1994 年开始主持 FAST 项目的选址、立项、可行性研究及初步设计，制定建设任务和施工管理，指导各项关键技术的研究，克服了不可想象的困难，实现了由跟踪模仿到集成创新的跨越。南仁东作为 FAST 工程的发起者和奠基人，带领团队成就了"中国天眼"。同事和学生们评价他"20 多年只做了这一件事，FAST 项目就像为他而生"。南仁东的执着和奉献铸就了我国天文学的丰碑。

2. 传奇人做传奇事

南仁东身材瘦小，留着八字胡，目光凌厉、气场强大，走到哪里都有一种不可描述的气质，他的同事评价他——"他的人生充满的是调皮、义气、玩世不恭，甚至有些捣蛋"。但就是这样一个"调皮"的人，一生极富传奇色彩。

南仁东生于 1945 年 2 月，1963 年考入清华大学无线电系。大学毕业后分配在吉林通化无线电厂，在那里他学会了车钳铆电焊、模具冲压钣金，还能开山放炮，外加电镀和锻造样样都精通，他带领团队研制生产出中国第一代电子计算器。1978 年，他跨专业考取了中国科学院的天文学研究生，跨入了与此前所学专业差异很大的天文学领域，并从此"一发而不可收"。

1984 年，南仁东研究生毕业，初出茅庐的他着手利用国际甚长基线网对活动星系核进行系统观测研究，他主持完成欧洲及全球甚长基线网 10

---

① 钟艳平：《缅怀"天眼之父"南仁东　梦圆时他却离去》，2017 年 9 月 19 日，新华网，网址：http://www.xinhuanet.com/science/2017-09/19/c_136621417.htm。

多次观测，他创新性采用 VLBI"快照"模式，把我国 VLBI 混合成图动态范围水平提高到国际水平。

1994 年，南仁东受邀在日本国立天文台担任客座教授，当时他的待遇要比国内高出 300 多倍。在日本工作期间，他帮助日本国立天文台解决了卫星到地面 VLBI 成图的难题，为中国天文学家在国外赢得了荣誉，得到了全世界天文界的认可和青睐。

"感官安宁，万籁无声。美丽的宇宙太空以它的神秘和绚丽，召唤我们踏过平庸，进入它无垠的广袤。"南仁东以这句话表达了他对天文学的追求。"别人都有自己的大设备，我们没有，我挺想试一试。"他说，他心中最大的梦想，就是把大窝凼变成一个现代机械美感与自然环境完美契合的天文观测传奇。

为了实现心中的 FAST 梦，南老师毅然放弃了日本优厚的条件和待遇，踏上了回国建造 FAST 传奇征程。为中国打造探索宇宙未知的射电望远镜，让中国的天文观测重回世界高地，成为他余生的事业和最大的梦想。建造传奇的大型观测设备 FAST，是打开现代天文观测在不可见光领域的"窗口"，是接收来自宇宙的电磁信号的基础设施，南仁东就是为成就这一大国重器毅然放弃高薪与优越的生活，回国圆梦。

为了推动 FAST 的立项，设法参加国际会议，逢人就宣传和推介在我国建设 FAST 项目。就这样，一个卓有成就的天文学家变成 FAST 项目的"推销员"。为了赢得支持，南仁东开始"拍全世界的马屁"，让全世界来支持我们建造 FAST。于是，在一段时间内，南仁东大会小会、张口闭口，逢人便推销"天眼"项目，以至于有人开玩笑说，"天眼"已经成了他的孩子。在他的积极推动下，FAST 项目在世界上渐渐有了名气。2006 年，在南仁东不在场的情况下，他被推选为国际天文学会射电专业部主席。在国内，南仁东亲自到哈尔滨工业大学、同济大学、西安电子科技大学等高校，寻求技术上的合作和支持。

2007 年 FAST 项目建议书立项，南仁东着手可行性报告和初步设计方案的研究。项目批复后，在近 5 年半的工程建设过程中，先后有 20 余家科研单位、150 多家国内企业、数千人的施工队伍相继投入 FAST 工程建设。[①] 建设这么大的射电望远镜，南仁东深知他肩上的担有多重。他面临的是关键技术无先例可循、关键材料急需攻关、现场施工环境非常复杂，工程的艰难程度远超出想象。

2010 年，台址开挖工程开始后，南仁东发现国内企业生产的钢索没有一例能达到 FAST 的使用要求。FAST 的钢索至少需要应用 30 年以上，在钢索上面还要安装反射面板，在使用的过程中，需要经常调换角度，不断拉伸，因此需要超高的耐疲劳强度。设计人员提出了安装强度为 500 兆帕、200 万弯曲次数的钢索，这与国内现有的斜拉桥使用的强度都是 200 兆帕、200 万次弯曲的差距很大。由于钢索材料达不到工程要求，后续的反射面的结构也定不下来。

为了解决这个难题，南仁东寝食难安，天天与工程技术人员沟通，设法在工艺、材料等方面寻找解决途径。整个钢索的研制和测试工作接近两年，经历了近百次失败。几乎每一次，南仁东都亲临现场，沟通改进措施。最终，柳州欧维姆机械股份有限公司研制出满足 FAST 要求的钢索结构，实现了技术上的突破。目前，FAST 的钢索结构成功应用到港珠澳大桥等国家重大工程建设中，创造了钢索结构工程材料的传奇。

在 FAST 工程的研究和建造的过程中，南仁东参与指导各项关键技术的研究及模型试验，实现了三项自主创新，创造了一个又一个传奇：利用贵州天然的喀斯特洼坑作为台址；洼坑内铺设数千块单元组成 500 米口径球冠状主动反射面；采用轻型索拖动机构和并联机器人，实现射电望远镜

[①] 《科技报国，筑梦苍穹》，郑晓年于 2017 年 12 月 22 日南仁东同志先进事迹报告会上所做报告。

接收机的高精度定位。在他的带领下，团队解决了一系列科学技术难题，发明了500MPa耐疲劳拉索，突破了高效握拔力锚固技术、大跨度索网安装和精度控制等难题；提出通过"水环"和运动配重扩大焦舱的运动空间同时增加系统阻尼的设计，续写了一个又一个创新传奇。①

南仁东凭他的胸怀祖国、服务人民的爱国情怀，敢为人先、坚毅执着的科学精神，淡泊名利、忘我奉献的高尚情操，真诚质朴、精益求精的杰出品格，造就了他一生的传奇。

3. 全能的天文学家

从FAST项目开始至今，南仁东一直担任首席科学家，通过国内外专家同行间的合作，主持编制了FAST项目立项建议书方案，确定了中性氢、脉冲星、分子谱线、VLBI和地外智慧文明搜寻等五大科学内容。FAST具有高灵敏度和大天区覆盖，有助于发现更多的脉冲星。脉冲星的发现被国际天文界认定为FAST的科学目标。

南仁东带领FAST项目团队先后组织了"射电波段的前沿天体物理课题及FAST早期科学研究"的立项及实施；确立了FAST实现世界首个漂移扫描多科学目标同时巡天的原创科学策略；制订了调试阶段全波段监测蟹状星云脉冲星的优先观测计划；提出了用于望远镜调整期及早期试观测的单波束和多波束接收机。这些研究成果为我国天文学的发展在世界赢得了一席之地。在大家的眼里，南仁东是个全能型的天文学家，他精通岩土、焊接、机械、工程管理。他原本不懂岩土工程，在审核危岩、崩塌体治理和支护方案时，他花了一个月的时间学习相关知识，仔细检查并重新计算了方案中的每一张图，指出方案中的错误，提出了许多有

---

① 《"中国天眼"之父南仁东：20多年只做这一件事》，《光明日报》2017年9月28日。

价值的意见。"他是一个天文学家，但为了 FAST，他刻苦努力让自己成为一个通才，拿起电焊能焊得有模有样，给机械专家提点问题也总在关键点上。"

在台址勘察期间，年过花甲的南仁东和年轻人一起在没有道路的大山里攀爬，只为能更清楚地了解现场，掌握第一手资料，制定正确的危岩治理方案。有人建议他在山下等着，等大家看完以后下山向他汇报结果，但他坚持说："我会和你一起去看看实际情况。"为了建设 FAST 项目，南仁东经常奔波在陡峭的山岩上，饿了就对付口面包，困了干脆就睡在建筑工地的铁床上。与工人一起同吃同住，让人很难想象他就是 FAST 项目的首席科学家。

FAST 工程涉及天文学、力学、电子学、机械工程、结构工程、控制工程、岩土工程等各个领域。建设期间，有数十家施工单位同时入驻，有上百个工程队伍同时施工，有 4000 多人先后参与建设。建设难度之大，可想而知。① 作为一个领导者，作为领头人，南仁东就是靠自己的全才带领团队战胜一个又一个建设困难。

对于一名在国际射电天文界颇有影响的天文物理学家，南仁东会的工种比一般技术人员都多。

在 2016 年中央电视台对南仁东的采访中，有一个南仁东手拿锉刀俯身工作的场景。南仁东自谦地说："我不是一个战略大师，我是一个战术型的'老工人'。"②

---

① 中共中央宣传部宣传教育局编：《时代楷模 2017——南仁东》，学习出版社 2017 年版，第 9 页。
② 隋二龙、赵蓓蓓：《生命因执着而绽放》，《吉林日报》2017 年 11 月 16 日。

二、筑梦人南仁东

历经了22年的风雨，巨型"天眼"终于向世界开放，让中国的射电天文学一举领先世界水平10到20年。2017年10月10日上午，中科院科学传播局和国家天文台举行新闻发布会，发布了500米口径球面射电望远镜（FAST）取得的首批成果。经国际组织机构认证，FAST发现的6颗脉冲星通过了国际认证，此次发布会公布了其中两颗脉冲星的具体信息。两颗脉冲星分别由FAST于2017年8月22日和25日在南天银道面通过漂移扫描发现。这是中国射电望远镜首次新发现脉冲星，这一举世瞩目的成果公布，引起了全世界的广泛关注。

1. 学霸南仁东的"科学梦"

南仁东出生于吉林省辽源市龙山区，家里六个孩子中排行老二。由于家庭条件一般，一家人寄住在外婆家过着非常艰苦的生活。他从小就展露出非凡的天赋，6岁上小学，先后就读于辽源中兴小学校、辽源四中、辽源五中等学校，上学期间，他多次因学业成绩优异而受到学校的嘉奖，是个十足的"学霸"。

他过去的邻居回忆到，南仁东小时候天赋异常，具有超强的创造力和记忆力，有超强的逻辑推理能力，他还精通诗词、绘画等，也因此在朋友中比较有威信。上学时南仁东并不是苦读型的学生，甚至有的人认为，南仁东不是一个刻苦勤奋的孩子，更喜欢贪玩，大家都喜欢和他一起玩，和他一起可以学到很多知识。

童年时，南仁东经常去河边钓鱼、玩耍、采艾蒿……从表面看就是一个顽皮的孩子，但是南仁东的心里在思考这世界上到底有没有嫦娥，在想南半球的星星是什么样子的……在同龄孩子眼中，南仁东有着远大的理想和强烈的求知欲望。据南仁东弟弟、国家一级美术师南仁刚说，他是一个民族气节较强的人，从小到大都坚定自己的理想信念。这为他日后的FAST项目建设打下了克服压力和困难的良好基础。

1963年，南仁东以高考平均98.6分（百分制）的优异成绩夺得"吉林省理科状元"，被清华大学无线电系真空及超高频技术专业录取，成为他当时所在的四平地区10年间唯一考入清华大学的高才生。

表面"顽皮"的南仁东，其实更多的是刻苦读书的一面。在清华大学，主修俄语的南仁东为了学习英语，经常在公交车上自学。在自修英语期间，他整日抱着一本英语词典，背会一页就撕掉一页，直至脱离字典。甚至在他大学探亲期间，一边哄着2岁的侄子，还一边捧着英语书，连侄子尿在了他身上都不知觉，那股执着的学习劲头让人记忆犹新。[①] 工作期间，南仁东就利用在家的时间自学，通过他的努力，恢复高考后，南仁东就考入中科院研究生班。

2. 梦想起航的地方

1968年11月，毕业于清华大学无线电系的南仁东分配到通化市无线电厂。深处长白山腹地的山城通化，群山环抱，生态优美，自然资源丰富，这里也是南仁东梦起航的地方。

南仁东初到通化，显得有点格格不入，他蓄有青年胡，穿黄色紧身裤和尖亮皮鞋，给大家的印象是很"另类"。

工作后的第二年，厂里就委派他组织研发便携式小型收音机并进入了

[①]《"中国天眼"之父南仁东病逝 用20余年打造大国重器》，2017年9月17日，中国青年网，来源中国新闻网，网址：http://news.youth.cn/gn/201709/t20170917_10730194_1.htm。

小型收音机外形设计小组。虽然刚出校门，他凭知识丰富，思维缜密和学生时代的画画功底，通过反复测算和研究，创造了设计模具一次通过注塑测试的成功案例。后来他和厂里技术人员一起研发出"向阳牌"便携式收音机。一时间，通化产的便携式收音机走俏全国，成为家喻户晓的品牌，他实现了从一个学生到技艺精湛的工匠的梦想。

随后，通化市无线电厂任命南仁东为电视发射机研制小组长，开始研发 10 千瓦电视发射机。整个研制过程需要研究的图纸足足有两麻袋，南仁东更是手不离图纸，眼睛熬得通红，常常工作至午夜。经过半年多的攻坚苦战，研发的产品顺利通过省级验收。由南仁东主导设计的电视机发射机外形被吉林省工业厅评为第一名。

南仁东不仅是一个技术能手，更是一个乐于助人的好人。同事李天成是厂里一名普通的锅炉工人，与南仁东并无过多交往，家里盖房南仁东也一样过去帮忙脱坯。

南仁东考上中科院研究生，他也舍不得通化，更舍不得朝夕相处 10 年的朋友们。厂里为了打消他的顾虑，特意安排两名同事为他送行。据两名同行者讲，南仁东上车便哭，直哭到辽宁锦州沟帮子方才收住泪水……①酷小伙也有温情一面，蓄着小胡子、穿着紧身裤的南仁东给身边的人留下的印象永远都是酷酷的样子，不了解他的人可能都不知道他还有这么温情的一面。

3. 多才多艺的南仁东

接触过南仁东的人都知道他是一个多才多艺的人。读大学时，他就从广州到新疆天山，全国各地到处走走看看，足迹踏遍了大半个中国。刚工

---

① 陈博琳、陈兴权：《青年南仁东是一个能成"大器"的人》，《辽源日报》2017 年 11 月 7 日。

作时，他留着一头长发，让人第一眼感觉是一个艺术家。他的知识渊博不仅仅局限于专业知识，还有很多兴趣爱好如：旅游、画画、设计和制作。他喜欢探索这个世界所有未知的东西。

在通化无线电厂，很多人都知道南仁东是个能唱、会画、手巧，工作起来有技术、有思路的能人。闲暇时的南仁东喜欢画油画，内容大多为人物和山水。才艺方面，他也毫不逊色。他的绘画水平也十分精湛。很多人看他画得好便向他索要，他总是有求必应。有朋友新婚或搬家，他知道后都会主动送一张自己的得意之作。他画的画从不署名，为此，他曾向朋友解释说，"我不想让别人记住我。"但熟悉南仁东的所有人都对他难以忘却，记忆犹新，仿佛昨日。

据南仁东弟弟南仁刚介绍，南仁东从上学时就爱好广泛，课余喜爱绘画和音乐，且绘画水平精湛。1990年，南仁东在日本国立天文台当客座教授，业余时间创作的油画《富士山》至今被悬挂在该校的大厅里。

南仁东第一次到国际著名的射电天文研究中心荷兰ASTRON访问时，按照他当时的级别不能坐飞机，只能坐火车横穿西伯利亚，经苏联、东欧等国家去荷兰。由于过境的苏联、东欧国家边防海关人员向他索要贿赂，不给钱过不去，只好给钱。带的钱本来就不多的南仁东在中途钱就不够了，他发挥画画的技能，用最后剩的一点钱到当地商店买了纸、笔，在路边摆摊给人家画素描人像，这才挣够了前往荷兰的票钱。①

多才多艺的南仁东，始终用艺术家的眼光去探索宇宙未知的秘密，最终成就了他在天文学上所创造的奇迹。

---

① 《二十二年磨一剑的清华人》，2017年9月23日，搜狐网，网址：https://www.sohu.com/a/194033228_498199。

三、我终于看见了你，而你却再看不见我

就在"中国天眼"第一批成果问世的时候，FAST工程首席科学家、总工程师，72岁的国家天文台研究员南仁东却悄然离去。这位将一生都奉献给了中国天文事业，被尊为"中国天眼之父"的老人，甚至都没有来得及看到天眼的第一批成果。"中国天眼"FAST望远镜首次发现的脉冲星，就是给他的最好告慰。"我终于看见了你，而你却再看不见我！"如今，这是许多人在缅怀和追忆南仁东时深切的感受和敬意。

1. 一位神奇的老爷子

熟悉南仁东的人，都觉得他神奇，他可以很讲究，也可以很不讲究，他可以穿着短裤和T恤衫和工人们走在一起，也可以在国际会议上西装革履，滔滔不绝。事实上，除了上工地，他喜欢穿西装，是一位很有个性、爱美的老爷子。

FAST工程副经理、办公室主任张蜀新对记者说，老爷子的审美很好，常常对身边的人说，"你看FAST多漂亮"。

南仁东常年留着小胡子，是个相当随性的老头儿。他精干、率性、气场强大，爱抽烟、爱喝可乐，还经常往西装口袋里装饼干，而又忘记拿出来，过段时间一看，全都成饼干末儿了。他给学生发邮件都自称"老南"，也让大家直接这么叫他。而大伙儿私下里更爱喊他"老爷子"。

这位神奇的老爷子，喜欢去工棚和施工现场，很多工人都是他的好朋友。闲暇之时南仁东常常跑到工棚里和他们聊家长里短，他记得许多工人的名字，知道他们干哪个工种，知道他们的收入，知道他们家里的琐事。他经常给工人带些零食，还和老伴亲自跑到市场给他们买过衣服。而工人

们也完全不把他当"大科学家",甚至直接用自己吃过饭的碗盛水给他喝,像家人一般不避嫌。

南仁东过70岁生日,学生们要给他庆祝,他只同意一起到园区餐厅简单吃了个午饭;他生病期间,学生们去看他,他说人来可以,什么东西都不许带;治疗期间,他仍然坚持到办公室工作;他从不愿意麻烦别人,却经常带学生改善生活、操心他们的工作和发展。在贵州山区,每当他见到当地人生活的艰苦、上学的不易,就自掏腰包给予他们资助。他就是这样一个善良,一心为别人着想的神奇老爷子。①

"老南"有着近乎传奇的人生经历,他经常给身边的年轻人讲,他在年轻时,跑遍祖国的大好河山,在上山下乡的十年里苦中作乐,到北京天文台工作后,又跑去荷兰求学,之后在日本工作当了客座教授,最后又回到了祖国。对于这其中精彩的细节,大家听得"如痴如醉"。一开始大家都以为他在吹牛,慢慢发现他说的每一件事都是真的。在大家的眼里,南仁东的人生充满着执着、义气、随性与神奇。

2. FAST 是他的生命

有人说,FAST 是南仁东用生命换来的,这话一点也不假。为了 FAST 工程,他长时间地面对巨大压力,压垮了他身体里的免疫系统,让南仁东原本健壮的身体不堪重负。特别是 FAST 立项后,南仁东深知自己肩上担子的重量,不敢有半点疏忽。南仁东深知 FAST 是我国天文学发展的一个"窗口",但是要想让中国有一个领先世界的机会,就必须建造 FAST。在这个机会面前,南仁东当仁不让,挑起了重担。

---

① 赵竹青、陈灿、王天乐:《"天眼之父"南仁东的人生告别:他就这样安静离去》,2017年9月28日,人民网,网址:http://scitech.people.com.cn/n1/2017/0928/c1007-29565308.html。

南仁东是最勤奋的人,基本没什么节假日,每天都要处理上百封工作邮件。他始终以超强的责任感来应对超负荷的工作量,癌症发病后仍然坚持工作。这是一种不惜以命相搏的悲壮。

南仁东总是说人应该做点什么,他不在乎名利,放弃日本的高薪职位来到贵州山区,对于院士的名头也很淡然。他这一生不为任何事情低过头,却为了FAST立项,他低过头,求过人。他这是为梦想低头。

2014年,馈源支撑塔开始安装,南仁东立志要第一个爬上所有塔的塔顶。令所有人没想到的是,不久后他真的一座一座都亲自爬上去了。FAST就像是他亲手拉扯大的孩子一样,他在用他自己的独特方式拥抱自己的孩子,拥抱他毕生的心血。他常常独自登上高高的塔顶,俯瞰整个工程的全貌。上坡下坎时,谁要是想伸手扶一下,他的手会用力一甩,脸上还会露出不悦。工地上的人都知道,年已七旬的南仁东,最欢快的时候,就是像个孩子天真烂漫地在FAST圈梁上跑步。

在FAST竣工落成的当天,南仁东站在FAST圈梁上,望着"初长成"的大望远镜,憨厚地笑着,欣慰地说:这是一个美丽的风景,科学风景。①

3.他就这样安静地离去

"我特别不希望别人记住我",他曾和家人说过这样的话。"如果有一天我真的不行了,我就躲得远远的,不让你们看见我。"这是南仁东刚刚知道自己身患癌症的时候说过的一句话。当时大家觉得这是句玩笑,不曾想,2017年5月,他真就这么悄悄地去美国看病,再也没有回来。

---

① 赵竹青、陈灿、王天乐:《"天眼之父"南仁东的人生告别:他就这样安静离去》,2017年9月28日,人民网,网址:http://scitech.people.com.cn/n1/2017/0928/c1007-29565308.html。

2017年9月15日23点，南仁东由于肺癌病情恶化，静静地离开了我们，年仅72岁。这个洒脱的老爷子独自驾鹤西去，并留下遗愿：丧事从简，不举行追悼仪式。他只是把自己看作一个在宇宙中不断开疆拓土的旅行家，只是一个完成了大美作品的艺术家。

南仁东离开了我们，属于他的中科院院士刚刚完成提名。他倾注全部心血的FAST项目让人类穿过了几千光年看世界，让中国天文界一举进入强国行列。但，他不奢望人们记得他，只想悄然离去。

4. 怎么能忘记

虽然他已离去，但所有人都不曾忘记，又怎么能忘记？

谈起南仁东，他的学生，FAST工程办公室副主任张海燕数度哽咽，泣不成声。她总以为自己还能再见到那个似乎无所不知、爱抽烟、嘴硬心软的老爷子，听到他在隔壁办公室喊自己的名字。而这些昔日普通得不能再普通的场景，如今却成了一种奢望。

"我们FAST人都非常非常敬重他。"FAST工程馈源支撑系统副总工潘高峰告诉记者，在南老师过世之后，很多合作单位、评审专家都打电话来问候，为他的离去感到悲痛。还有人自发地在南仁东生前工作的办公室门口献上鲜花，有人路过他的办公室时，会在门口鞠躬向他致敬。

FAST工程副经理彭勃，铭刻在他心里的永远挥之不去的记忆，是在一年多前的一次组会上，南老师嘶哑着嗓子说了一番话，便不得不提前离会了。那是南老师患癌症后，参加的最后一次组会。那像是告别一样的场景令他至今难忘。每周一下午一点半的组会，FAST团队坚持开了20多年。"周一下午见！"这是FAST团队与南老师心照不宣的约定。而如今，天人永别，隔空相望。

FAST 工程常务副经理郑晓年追忆,他清楚地记得 2017 年 9 月 16 日的清晨,惊闻南老师去世的消息,思绪怎么也不能平复,脑海里闪现的都是一幕幕与南老师相处的情景……记得他为立项的一次次答辩,记得与他在小区楼下茶馆的长谈,记得和他第一次在大窝凼攀爬时的大汗淋漓,记得和他在大窝凼板房里的促膝交谈……①

中国科学院国家天文台 FAST 工程的高级工程师杨清阁回忆,2017 年 4 月,南老师病情恶化了,生命进入倒计时,却和老伴拎着慰问品,突然出现在学生甘恒谦的病房。甘恒谦只是做一个脚部的小手术,并无大碍。后来,甘恒谦对杨清阁说,"我从来没有告诉过南老师,他来医院前,也没有给我打电话。他自己都病成那样了,却还来看望我这个受小伤的学生。"②

来自云南的工人至今还穿着南仁东买的运动服,他们不会忘记南老师常常带些瓜果与工人们分享。每次晚饭后,他都会到工人的工棚坐坐,"端起工人吃饭的碗就喝水"。南仁东看到了当地人生活的艰苦,了解当地小孩子上学的不易,于是他出资捐助十余位儿童上学。时至今日,仍有受资助的学生给他写信。

22 年,南老师逐梦不已;22 年,南老师一诺千金。FAST 落成启用,筑起了一座崭新的科学地标,实现了南老师坚守的科技强国梦,兑现了他对祖国、对人民的承诺!令人痛惜的是,南老师让中国睁开了"天眼",而他却闭上了双眼离开了我们。

斯人已逝,追思犹存。

与南仁东共事的同事和同学们坐在办公室,仿佛在等着他的到来;

---

① 《科技报国,筑梦苍穹》,郑晓年于 2017 年 12 月 22 日南仁东同志先进事迹报告会上所做报告。

② 中共中央宣传部宣传教育局编:《时代楷模 2017——南仁东》,学习出版社 2017 年版,第 23 页。

家人们坐在家里，望着南仁东的生前照片，好像还在享受着团聚的幸福时光。……

四、后记

2009 年，是南仁东最后一次回到辽源，也是父亲故去 21 年、母亲辞世的第 11 个年头。坐在父母坟前的南仁东久久不动，默默地流着眼泪。其间，他说得最多一句话就是："对不起父母，我把时间都放在搞科研项目上，真的没有时间照顾父母。"

"这么辛苦值得吗？"看到哥哥这么卖命地搞科研，南仁刚心疼地问。"值得，一切都值得。"对于这样的问题，南仁东总是对家人和身边的朋友给予坚定回答。

不是院士，也没拿过什么大奖，南仁东把一切看淡。"天眼"，就是他留给我们的最宝贵遗产。20 多载，8000 多个日夜，为了追逐梦想，500 米口径球面射电望远镜首席科学家、总工程师南仁东心无旁骛，在世界天文史上镌刻了新的高度。

FAST 项目成为享誉世界的超级大工程，其创新技术和实践得到了各方认可，获得了各种奖励，如，创新的索网技术成果获 2015 年钢结构协会科学技术奖特等奖、2016 年广西技术发明一等奖和 2016 年北京市科学技术奖一等奖。但属于南仁东个人的荣誉却只有"CCTV 2016 年度科技创新人物""2016 中国科学年度新闻人物"和"2017 年全国创新争先奖章"寥寥几项。①

---

① 《"中国天眼"之父南仁东：20 多年只做这一件事》，《光明日报》2017 年 9 月 28 日。

"我谈不上有高尚的追求,没有特别多的理想,大部分时间是不得不做。国家投了那么多钱,我就得负点责任。"这是南仁东生前在央视接受采访时说出的朴实话语。

FAST项目从预研到建成的无数个日日夜夜里,南仁东带领老中青三代科技工作者克服了不可想象的困难,实现了由跟踪模仿到集成创新的跨越。他带领FAST团队在艰苦创新之路上砥砺前行,科技报国,筑梦苍穹,建成了"中国天眼",创造了一个不可能的"奇迹",重新标定了中国在世界天文学的地位。

就是这项工程,让很多的天文学家望尘莫及,让中国成为世界上看得最远的国家。南仁东老人虽已经离世,但却给国家留下了让全世界仰望的科学结晶。他用自身实际行动,让我们懂得什么是大局观,什么是国家利益高于一切,让我们懂得了什么是奉献主义情怀,什么是驰而不息、久久为功的工匠精神。

正如习近平总书记所说,一个知识分子,不论在哪个行业、从事什么职业,也不论学历、职称、地位有多高,唯有秉持求真务实精神,才能探究更多未知,才能获得更多真理,也才能为社会作出更大贡献。

勇立潮头、引领创新。缅怀南老,致敬南老,更为重要的是要用南老的精神去激励一代又一代科研人继续开拓创新,争创一流,激励更多的知识分子为实现"两个一百年"奋斗目标和中华民族伟大复兴的"中国梦"而不懈努力奋斗!

【链接】

《心比天高》——致敬"天眼之父"南仁东

徜徉浩瀚星海,探索宇宙奥秘,捕捉亿万光年,还看中国天眼。位于贵州平塘的天眼（FAST），是目前世界最大的单口径球面射电望远镜，被形象地誉为"中国天眼"，FAST项目也被称为"超级工程"，数百名天文科学家为此呕心沥血，才最终成就了这个中华奇迹。近日，由中共贵州省委宣传部出品的歌曲《心比天高》正式发布。致敬为了FAST项目奉献其壮年岁月及生命的"中国天眼之父"——南仁东。①

《心比天高》是由秦新民作词，王黎光作曲的一首新时代英雄赞歌，致敬南仁东吃苦耐劳的奋斗精神，为国为民的奉献精神。"你的心只有五百米的山坳，你的心能冲破亿万里的重霄……你的天很美嫦娥翩翩舞蹈，你的天收尽那茫茫宇宙信号……"没有什么能比恢宏的旋律更能振奋人心，与励志唯美的歌词相得益彰，勾勒出了一个心怀逐星梦，脚踏一方土，坚守一片天的学者英雄形象。从梦想起航的沉静柔和，到深情赞颂的热切迸发，汤非醇厚有力的嗓音让歌曲情感浓郁饱满。

心比天高——致敬"天眼之父"南仁东

作词：秦新民

作曲：王黎光

你的心只有五百米的山坳
你的心能冲破亿万里的重霄
你的心常惦记山里娃的书包
你拿生命去追寻一个目标
你的天很美嫦娥翩翩舞蹈

---

① 汤非：《"心比天高"——致敬"天眼之父"南仁东》，人民网，2018年7月17日，来源：环球网。

你的天收尽那茫茫宇宙信号

你的天很痴迷探索星辰奥妙

你把笑容洒向太空燃烧

心比天高　天宇浩渺

你的心熔铸了中华的自豪

心比天高　天宇浩渺

你的天大写了中华的骄傲

你的天很美嫦娥翩翩舞蹈

你的天收尽那茫茫宇宙信号

你的天很痴迷探索星辰奥妙

你把笑容洒向太空燃烧

心比天高　天宇浩渺

你的心熔铸了中华的自豪

心比天高　天宇浩渺

你的天大写了中华的骄傲

心比天高　心比天高

熔铸中华的自豪

心比天高　心比天高　比天高

你的天大写了中华的骄傲

心比天高

（根据汤非歌曲整理）

扎根西藏的植物学家

钟 扬

千山之巅，万水之源。

西藏，素有"世界屋脊"和"地球第三极"之称，从海拔 3000 米的雅鲁藏布江畔到海拔 6000 米的雪山；从暖热潮湿的东南过渡到寒冷干旱的西北；从沙洲、荒滩、原始森林，再到雪原、冰川和雪山；复杂多样的地形地貌、特殊的生态系统类型，造就了这里鬼斧神工的自然景观，孕育着全球罕见、丰富多样的动植物群体，使其成为无数探险家、旅游家、科学家心向往之的热土；但诡谲多变的天气、崎岖复杂的地形、望而生畏的高原反应，让无数人匆匆走过，又匆匆离去。唯有西藏这片净土，总是披着一层神秘面纱，神圣地、高傲地、仿佛一个传奇，永远矗立在这里……

千里之外，扬子江畔。

钟扬，1964 年出生于湖北黄冈一个知识分子家庭，父亲给他取名"扬"，寓意扬子江，寄托着乘风破浪、扬帆远行的美好期望。中国科学技术大学少年班"天才少年"，中国科学院武汉植物研究所副所长，复旦大学研究生院院长，生命科学学院教授、博士生导师，教育部长江学者特聘教授，国家杰出青年科学基金获得者……钟扬天资聪颖、勤奋刻苦，他的一生有诸多闪亮的"光环"。但真正让他的生命升华，起于他与祖国西藏结缘的那一刻。他的人生大戏，西藏是最大的舞台。自 2002 年起，作为中央组织部第六、七、八批援藏干部，每年在西藏奔波忙碌 150 多天。野外盘点青藏高原植物种质资源，为上千种植物收集 4000 万颗种子，填补了世界种质资源库没有西藏种子的空白；悉心培育大批优秀学子，为雪域高原的学生们带去科学的火种，为西藏大学创造了一个又一个学术神话。他的每一步都踏在了前人鲜有涉足、倾尽全力的"空白"上，攻克了那么多看似不可能的难题……然而，命运却那样不公，他的生命在 53 岁那年因车祸戛然而止……

　　微电影《播种未来》留下的影像资料中，钟扬总是穿着一件普通衬衫和一条略显发旧的牛仔裤，戴着遮阳帽，背着硕大的双肩包，行走在山川河流之中，穿梭在森林灌木丛中，他的身材微微发胖，面庞黝黑，看上去与我们平日了解的教授形象相差甚远，但从他坚定的眼神、洪亮敦厚的声音和爽朗的笑声中，可以读出那一份坚毅果敢、开明睿智、大气谦和的时代神采。我们好奇，究竟是什么力量让他致力于植物学研究、献身于青藏高原种质资源研究，让自己的命运与并不起眼的种子，与西藏、与祖国的生态事业紧紧地绑在一起？哪怕吃再多苦，受再多累，甚至付出生命也在所不惜？

　　"人不是因为伟大才善梦，而是因为善梦才伟大。"钟扬曾这样说。

　　答案就藏在这句话里。

一、散发诗人气质的"天才少年"

1."别人都可以，为什么我不可以？"[①]

　　中国科学技术大学少年班，是多少莘莘学子"可望而不可即"的殿堂。说起钟扬和中科大的相遇，有段有趣的小故事。钟扬自小成绩优异，1978年进入黄冈中学读高一，是班级里著名的"学习狂人"。当年，正值"文革"后恢复高考不久，按照国家政策，高中各年级学生都可以参加高考。但这一政策又会给应届生造成压力，他们难免担心会被"挤占名额"。钟扬的父亲当时负责黄冈的招生工作，向上级提出建议，所有年级考生都可以参加高考，

[①] 梁永安：《那朵盛开的藏菠萝花：钟扬小传》，复旦大学出版社2018年版，第11页。

但每人只有一次机会,参加了第一年,今后就不能参加了。这样一来,大家都会慎重考虑,既有利于调动考生积极性,又不至于侵犯应届生利益。这一建议很好地解决了问题,得到了上级的批准。但父亲坚决不允许钟扬报名。"为什么不可以?"钟扬不理解,他愤怒地向父亲抗议。他何曾知道父亲的一番用心。"我的儿子在读高一,如果我建议让一年级考生可以高考,谁都会怀疑我有私心,今后还怎么继续工作?"就这样,钟扬只好无奈地等了一年。"柳暗花明又一村"。1979年高考前,父亲得知中科大少年班要在湖北招生,而且不占用各中学的正常名额。父亲觉得机会难得,让钟扬好好准备。钟扬也不负众望。考试后,虽然他自认为发挥一般,觉得没什么希望,但一封录取通知书打破了一家人平静的生活。在湖北地区60名报考少年班的考生中,钟扬名列第二。喜出望外,钟扬开始了他更为广阔的大学生活。

2. 理科生也可以是"文曲星"

与大多数理科生一样,进入中科大后,钟扬开始了"魔鬼化"密集的数理化基础训练,他各科成绩都非常优异,尤其是在物理和化学方面,表现出不同寻常的"聪明劲儿",但与同学们有些不同的是,他浑身上下散发出一种诗人般的文学气质。小试牛刀,屡试不爽,他经常给校报写一些散文、诗歌。一来可以练练笔、抒发情怀,二来可以"挣点儿外快",拿些稿费改善一下生活。"我大学的时候,感觉一个月15元的助学金不够了,就写首诗去发表,一首两块钱。写的好一点有10块钱,可以请三个朋友喝酒。我知道做人要直,但写诗要'曲'。天上管写作的叫'文曲星',不叫'文直星'"[①]。钟扬曾幽默地回忆大学里的青葱岁月。他说,在后来从事的植物学研究和科普工作中,得益于早年的文学积累,经常会有一些"金

---

① 梁永安:《那朵盛开的藏菠萝花:钟扬小传》,复旦大学出版社2018年版,第22页。

点子"。他曾经和朋友提起，他想写一篇科普寓言故事《蜗牛，快跑！》，用通俗易懂，孩子般稚嫩、又充满想象力的语言来讲述全球气候变暖的科学故事。在其翻译的外国科普著作《大流感：历史上最致命瘟疫的史诗》中，他文采飞扬，实现了一个植物学家的科学素养与诗人气质般想象力的有机结合。这本书成为孩子们喜爱的科普畅销书，钟扬功不可没。除了写作外，钟扬的好友们还发现他有个"撒手锏"，擅长辩论，口才很好，常滔滔不绝。钟扬曾向好友透露，他有着当老师的梦想。那时，他会经常自己对着镜子练习说话，调整自己的语音、语调和姿态。穿越时空，我们也仿佛可以看见当年的那个小演讲家、小老师可爱的样子，也不难理解为什么在成年后他那样热衷教育事业、热衷科普讲演。

3. "到六系去！"

三年基础课程结束后，1982年秋季，钟扬面临选择专业的关口。与现在的高考选择专业不同，在计划经济时代，毕业时国家包分配工作，选择什么专业基本决定了未来一生的路，很难再"换个行当"或"另起炉灶"。但钟扬没有什么犹豫，他果断地在少年班合影照片上题了四个字"到六系去"，也就是无线电电子学。青葱岁月的豪迈之情跃然笔尖。"科学技术是第一生产力"，沐浴着改革开放的春风，响应国家"四个现代化"的号召，钟扬在生机盎然的校园里意气风发，在科学知识的海洋里自由徜徉，幸福地度过了五年的校园时光。带着些许对人生的美好憧憬、带着些许浪漫化的诗意，也夹杂着一丝丝倔强、一点点青涩，钟扬毕业了。但此时的他，这个小小少年，坚守科学事业、为国家奉献青春的理想之种已经生根发芽，郁郁葱葱的繁茂枝叶指日可待……

二、"另辟蹊径"的植物学"门外汉"

1."我来到这里,就没打算跳到别处去,要在这里好好儿干。"①

1984年8月,钟扬从中科大毕业后,进入中国科学院武汉植物研究所(简称植物所)工作。他本科学习的无线电电子学在植物所里大有用武之地,新成立的计算机室急缺一批懂得技术的人才,植物所的管理和科研水平亟待提升。但年轻人是否能够耐得住做学问的清贫和寂寞?是否能够从一个植物学"门外汉"变成"行家里手"?植物所的老所长看到钟扬这么个好苗子,心底泛起一丝丝疑虑。但是,他担心的问题并没有发生,钟扬用实际行动证明了"我可以",而且能够"另辟蹊径"做得更好。钟扬迅速转变学生身份,投入到火热的工作中。经过一段时间的刻苦钻研,并前去武汉大学生物学系旁听课程,他基本摸清了植物学研究的概况和要领。更重要的是,他将无线电电子学专业与植物学研究相互结合,大力开展植物数量分类学研究,"另辟蹊径"填补了中国植物学研究的空白。

20世纪90年代,钟扬的学术研究硕果累累:《计算机在植物学中的应用》《菌体的数量与计算机鉴定系统》《数量分析方法在进化植物学研究中的应用》等学术论文相继发表;《数量分类的方法与程序》(1990年)和《分支分类的理论与方法》(1994年),由钟杨领衔撰写的这两本中国植物学研究中最早推出的原创著作,有力回应了对计算机方法应用到植物学研究领域的质疑,推动了植物分类学的发展。他带头组建水生植物室、创建"计算生物学青年实验室",在国内首倡计算生物学这一学术概念,钟扬由一个植物学"门外汉",华丽转身为植物学研究中的青年翘楚。他先后被破

---

① 梁永安:《那朵盛开的藏菠萝花:钟扬小传》,复旦大学出版社2018年版,第25页。

格晋升为助理研究员和研究员。1997 年担任武汉植物研究所副所长时,他年仅 33 岁。也正是在研究所工作期间,他和毕业于北京林业大学园林植物专业,同批进入植物所工作的张晓艳从同事相识,因研究荷花结缘,到互生情愫,结成一对恩爱伴侣。青年时期的钟扬,不仅收获了幸福的爱情,也奠定了未来事业的扎实基础。

2."我们的工作、我们的热情、我们的整个事业还是在中国的。"①

1992 年,钟扬被植物所派遣前去美国密歇根州立大学访学,师从国际著名植物学家约翰·比曼。这期间,他潜心钻研,锐气十足,与导师默契配合,独自创新了一系列可用于分类信息系统(TIS)的数据模型、询问系统和算法,建立了一种新型植物分类信息数据库。研究成果撰写为论文后,发表于美国全国卫生基金会(NSF)的演示会上,师生二人这一套系统得到一致好评,予以通过。② 这在当时并不容易。90 年代初期,出国热潮下很多人选择留在国外,钟扬本来也有这样的机会。作为植物学研究领域小有名气的学者,只要他点头就可以,但是钟扬执意回绝了密歇根州立大学的多次邀请。妻子张晓艳在回忆中谈到,钟扬曾说,"美国吧,你可以这样想象,可能是你的一个比较有钱的亲戚,或者是一个朋友。我们可以过去学一点东西,对吧?我们的工作,我们的热情,我们的整个事业还是在中国的。"更让人难以置信的是,钟扬在回国前,自掏腰包买了一套电脑、复印机和传真机,并且要统统捐献给武汉植物研究所,用以改善科研条件。这对于那个年代都从国外买些大件家电回国的学者而言,难以理解;甚至

---

① 《钟扬:一颗种子的初心》,来源于"看看新闻 Knews",东方卫视新闻团队和上海电视台新闻团队联合出品的原创视频新闻品牌,2017 年 12 月 23 日发布。网址:http://m.iqiyi.com/w_19rwfvezm1.html。

② 梁永安:《那朵盛开的藏菠萝花:钟扬小传》,复旦大学出版社 2018 年版,第 124 页。

连海关都不相信，竟然有人花自己的钱给公家买东西，久久不肯放行这套设备。

3."我一直有个教师梦"

2001年，37岁的钟扬是植物所副所长，中国科学院系统最年轻的副厅级干部。如果继续留在植物所，钟扬大概会成为一名出色的研究者，也可能成为一名杰出的管理者。但却因为一个人，他改变了人生轨迹。与钟扬一起合作建立"计算生物学青年实验室"的陈家宽，是武汉大学的生物学、生态学教授。1997年，陈家宽转入复旦工作，任生物多样性研究所所长。当时，复旦大学生物信息学学科建立急需引进领军人物，钟扬在生物信息学的研究特长尤为符合要求。2001年，陈家宽邀请钟扬去复旦生命科学学院任教。事实上，当时在上海这个大都市，去高校担任教授的收入并不高，生态学这样的冷门学科处境更不容乐观。而且去了上海，一切都要从头开始，从普通教授做起。骨子里的性格和小时候的梦想，让钟扬没有犹豫，因为他一直有一个教师梦。妻子张晓艳回忆道，钟扬经常开玩笑说，他在妈妈肚子里的时候，就注定要成为老师了，因为他妈妈在生他的前一个小时，还在课堂上给学生上课。

收到陈家宽邀请的那天晚上他很激动，觉得自己的这个梦想终于有机会实现了！于是他毫不犹豫接受了陈家宽的邀请。[1]面对别人的玩笑话，说你一个副所长来干普通教授，屈才啦。他经常豁达地笑道：在哪里都是干革命嘛。确实，来到复旦，他的人生再一次出现转折，迎来一片新的天地，也肩负着更重的使命和挑战，但他终究还是放弃了在武汉似乎可以看见未来、按

---

[1]《在我心里，你永不远去》，妻子张晓艳于2017年12月22日钟扬同志先进事迹报告会上所做报告。

部就班的生活,又一次另辟蹊径地开始"干革命了"!他的字典里,没有犹豫,没有名利,有的只有事业,只有一个实打实的"干"字。

三、植物学界的乔·辛普森

1. "我坚信,一个基因可以为一个国家带来希望,一粒种子可以造福万千苍生。"

这是钟扬的一句名言。但究竟是什么契机,使得钟扬认识到西藏种质资源的重要意义,又倾其所有、投入亲自采集种子的科考之路呢?一切还得从2001年8月的一次西藏考察说起。选择西藏,并不是他心血来潮。20世纪90年代早期在国内的有关学术会议中,钟扬参加的国际访问中,先后有业界不同著名学者提到西藏、重视西藏,引起了钟扬的兴趣。说者无心、听者有意。钟扬开始计划一探"庐山真面目"。在他的组织下,他与团队来到了西藏,这是他第一次进藏。祖国山川美景让他震撼,西藏丰富的植物资源让他由衷赞叹,"西藏是植物学研究的一块宝地!"西藏作为国际生物多样性的热点地区,拥有我国最大的生物基因库。对于国家安全、人类命运意义非凡。[1]但因为高寒气候、险峻地形,植物学家鲜有涉足。这里的珍贵植物竟然"从来没有被彻底盘点过";全世界最大的种质资源库中,竟然没有中国西藏地区植物的影子;而且随着全球变暖,西藏地区的植物和生态面临严峻危机。回到上海后,钟扬的内心久

---

[1] 《钟扬:追梦的脚步永不停歇》,人民网,2018年3月26日,来源《光明日报》。网址:http://edu.people.com.cn/n1/2018/0326/c1053-29888933.html。

久不能平静。

世界上有著名的挪威斯瓦尔巴特种子库，英国有皇家植物园邱园种子库，中国在种子库建设上也要有一席之地！"我们的目光要投向祖国西部广袤的大地"，钟扬认识到种质资源事关国家生态安全，事关整个人类的未来，于是他将种质资源作为科研主攻方向之一，毕生致力于生物多样性研究和保护。"献给这里就是献给全民族、献给全人类"。[①] 起初他也考虑到依赖专业登山队采集种子，但通过咨询并不现实。来西藏的登山队都是有固定线路的，种质采集的线路却不是如此，需要四处周转。"一步步攀登、一步步采集"，这个想法开始在钟扬的脑海里萌芽。好友曾经与他探讨说，世界上有两种登山，喜马拉雅式登山和阿尔卑斯式登山。前者是登山者只管走，吃住、线路和行李等都有领队和背夫帮忙。后者是完全或主要靠登山者自己，不依赖任何人和外界供给。英国人乔·辛普森就是阿尔卑斯式登山的翘楚。钟扬深受启发，"我要做植物学界的乔·辛普森"。机会来了！2001年，钟扬响应国家号召，第一时间报名援藏。2002年，他如愿来到拉萨，一边做起西藏大学的老师，一边开始了他的种子计划。从此，钟扬开启上海和西藏两地奔波"候鸟式"的生活……

2."有些事情是难，但再难，总要有人去做。只要国家需要、人类需要，再艰苦的科研也要去做。"

钟扬是个天生的乐观派。在网络演讲节目《一席》[②] 中，他以"种子方舟"为题，介绍自己采集种子的故事时，戏谑地调侃道，"都来学植物吧，

[①] 梁永安：《那朵盛开的藏菠萝花：钟扬小传》，复旦大学出版社2018年版，第56页。
[②] 网络演讲节目《一席》成立于2012年，平均每月一次，是通过现场演讲和网络视频等方式，分享知识信息和观点的传播平台。

这好像是我们八项规定后比较少有的可以'公费旅游'的专业,大概能跟我们专业媲美的也只有烹饪学,他们可以'公款吃喝'"。钟扬以苦作乐,对实地采集种子的筚路蓝缕这样轻描淡写、幽默化解,大概也只有他能做到。钟扬带着他的学生们跋山涉水、翻山越岭、身体力行,这其中的艰苦,谁曾知晓?

5000粒,是每一种普通植物样本必须收集的数量;500粒,是濒临灭绝物种样本需要采集的数量;不小于50公里,这是为了确保植物遗传信息独立,采取样本之间的安全距离;800公里,是每天经常奔波的公里数;50多万公里,是他十几年在西藏奔波的总里程;4000多万粒种子,是他采集的1000余个物种的种子数量,占西藏物种的五分之一。与这些庞大数字形成鲜明对比的,是3个小时,这是钟扬在西藏每天的睡眠时间。一个人,为了钟爱的事业,挤压自己的睡眠,把所有时间用到了极致!

西藏的同事们叫他"钟大胆",称他是"用生命在上班"。荒原、峭壁、雪山,各种地貌地形,他从不畏惧;寒冷、冰雹、缺氧,各种天气状况下,他从不退缩;呕吐、腹泻、心慌,17种高原反应,每次都得经历那么几种,但他从来不言弃。干饼[①]、榨菜、方便面、矿泉水,这些成为他的野外"标配",奔波起来常常食不果腹、饥饿难耐;又厚又大的牛仔裤穿了好多年不舍得丢弃,简简单单的冲锋衣就是最好的奢侈品,他的价值观里没有价格、名牌、款式,耐穿结实是唯一要求。在钟扬眼中,只要对科研有贡献,这些困难不算什么,这些付出就是有意义的,岂能用物质来衡量价值? 2015年,钟扬51岁生日那天,突发脑溢血,从生死线上被抢救回来后,面对医生的警告,家人的劝阻,他执意要继续援藏。对时间的紧迫感,对事业的强烈热爱,让他割舍不下,义无反顾……

---

① 一种慢火烘烤出来的死面饼子,结实难消化,但对于野外考察的人来说可以长时间抵御饥寒。

3. "西藏的馈赠,也是大自然的回报"[1]

倘若不是从事植物学研究,也许一个人一辈子也不知道巨柏、拟南芥和鼠麴雪兔子这些名字听起来比较生僻的植物;倘若没有钟扬和他的团队,没有他们不肯放弃、不怕危险的钻研精神,这三种植物背后蕴藏的巨大的科学价值更无人挖掘。

巨柏,是生长在西藏雅鲁藏布江流域的郎县、米林和林芝一带的巨型柏树,成年树木约有一米多粗,树冠可达45米。1974年被发现后,被林业学家认定为雅鲁藏布江下游的极佳造林树种。[2] 但是这种植物的生存却面临严重危机。藏族人信佛,近年来,随着用来制作供香的檀木香逐年减少,巨柏被用来制作藏香,数目急剧减少,成为濒危的国家一级重点保护植物。"我们能不能做点什么?改变什么?"钟扬带领他的团队历时3年,全面考察了世界上仅存西藏的3万余棵巨柏的生存状态,分布状态,并且一一登记在册。同时,他带领团队研究西藏柏木,一种数量上广泛分布在西藏的柏树,通过精密的成分分析,证明它可以替代巨柏作为藏香的原料,为挽救巨柏、保护生态提供了新的路径。

拟南芥,是冬性一年生植物,一尺来高,是植物学家眼中理想的模式植物,被称为植物学研究的小白鼠。[3] 这样一种极度抗寒、抗旱的植物,大多来自哥伦比亚和西班牙的寒冷地带,那么在西藏究竟有没有这样的植物?如果有,将是西藏隆起的最好证据,也是对植物学研究的重要贡献。钟扬对拟南芥这个"高原小精灵"充满兴趣,想探个究竟,这一找就是十年。终于在2013年,他的团队在海拔4150米的高坡上找到了!之后,钟

---

[1] 梁永安:《那朵盛开的藏菠萝花:钟扬小传》,复旦大学出版社2018年版,第108页。
[2] 梁永安:《那朵盛开的藏菠萝花:钟扬小传》,复旦大学出版社2018年版,第101页。
[3] 梁永安:《那朵盛开的藏菠萝花:钟扬小传》,复旦大学出版社2018年版,第105页。

扬把这个世界上全新的拟南芥品种带回上海,进行了成功繁衍,随后中国西藏的拟南芥被带到了世界各地。

鼠麹雪兔子,是世界上海拔最高的高等植物,在稀薄的氧气环境中,生在粗糙的石缝之中,个头只有几厘米。但正是这矮小的植物能够忍受干旱、狂风、贫瘠的土壤以及较大的昼夜温差。历史上,德国的探险家曾经在喜马拉雅山南坡找到一株,被国际高山植物学专著和教科书奉为经典。那么,在喜马拉雅山的北坡有没有这种植物?它的遗传基因究竟是怎样的?带着这样的疑问,钟扬与团队在2012年6月,艰难地爬到海拔6100米,在石头缝中终于找到宛如拇指一般的鼠麹雪兔子,钟扬也创造了迄今为止中国植物学家采样攀登的最高点!植物学研究上,钟扬又填补了一块空白。谈及种子事业,钟扬总是满怀欣喜,"在未来的10年,可能再完成1/5。如果能多培养一些人,大家协同攻关,20年就有可能把西藏的种子库收集到3/4,也许再用30年就能够全部收集完。"[①]

四、世界"最高学府"里的"布道者"

1. "西藏大学植物学的博士点不批下来,我坚决不走。"

西藏大学,钟扬眼中的世界"最高学府"。无疑,这座大学的海拔,世界绝无仅有。但是,在钟扬2002年作为援藏干部刚到这里的时候,一切远远不是今天这个样子,当时西藏大学的科研力量,很难与"高"这个

---

① 《钟扬:追梦的脚步永不停歇》,人民网,2018年3月26日,来源《光明日报》。网址:http://edu.people.com.cn/n1/2018/0326/c1053-29888933.html。

形容词关联起来。无论是硬件和软件水平,都十分单薄。那个时候,藏大的理科全部加起来只有 6 位教授,他最关心的植物学学科,竟然是个"三无"专业,无专业教授、无博士学位老师,无任何国家科研课题。①"这片神奇的土地,需要的不仅仅是一位生物学家,更需要一位教育工作者。"②在这里扎根,培养一支西藏特色的植物学研究团队,培育西藏本土的专业化研究人才,让西藏的生态研究之路走得更远、更宽广,成为钟扬心心念念的梦想。他鼓励学生申请 2002 年度的国家自然科学基金。"怎么可能呢?"这是学生的第一反应。是啊,怎么可能?在科研基础比较薄弱的情况下,这对于西藏大学的学生而言就是神话。然而,钟扬带着学生,立足于西藏的特色植物研究,第一年不行,第二年再来。凭着这样一股闯劲儿、韧劲儿,2003 年他帮助藏大成功获得建校以来的第一个国家自然科学基金项目,而且还是其中的重点项目,是有史以来西藏在国家自然科学基金项目中获批的最大项目。③

同事们眼里的钟扬,满满的正能量,从来没有什么抱怨、什么忧虑。"我们一起想办法嘛!"乐观豁达的态度成了事业的催化剂。在钟扬的带领下,一切仿佛坐上了快车,西藏大学拿下了一个又一个第一,创造了一个又一个大家认为不可能的奇迹:第一个理学博士点,藏族第一位植物学博士,西藏大学生态学科入选国家"双一流";建成理学院植物组织培养室,成立生物多样性与生态研究所,入选"中西部高等教育振兴计划",由钟扬第一个博士生扎西次仁负责的西藏种质资源库建立……一切梦想变成了现实,凝结的全是钟扬与团队的点滴汗水。终于,钟扬眼里的"高端援藏新模式"初见雏形。他不仅授人以鱼,且授人以渔,科研队伍强大的造血

---

① 梁永安:《那朵盛开的藏菠萝花:钟扬小传》,复旦大学出版社 2018 年版,第 63 页。
② 《钟扬:追梦的脚步永不停歇》,人民网,2018 年 3 月 26 日,来源《光明日报》。
③ 梁永安:《那朵盛开的藏菠萝花:钟扬小传》,复旦大学出版社 2018 年版,第 69 页。

功能初步显现，盘活了整个藏大科研力量的一盘棋。而今，由钟扬一手培育起来的西藏"地方队"研究力量在国内已经走到前端，国际竞争中也开始崭露头角，藏大的影响力逐步扩大……

2."他就像一棵大树、一座大山。做他的学生是幸福的。"[①]

在藏大学生的眼里，钟扬是一名老师，学识渊博、魅力十足。"黝黑微胖，像一座山，很有气场和力量。中气十足、带上海口音的普通话，激情澎湃的语境，使原本昏昏欲睡的我瞬间清醒了。这个教授太酷了！"[②]一名学生这样回忆钟老师的第一节课。在学生眼里，钟扬还是一名家长，更是可以交心的朋友。他耐心细致，用心呵护每一名学生。野外考察，很多时候会遇到意外和危险，钟老师总是冲在最前面。路途奔波，为了防止司机疲劳走神，钟扬总是坐在副驾驶位置上陪司机聊天，而让学生们去睡觉休息。野外露营，他每天都会比学生早起一个小时，给他们准备好早饭。只要一有时间，钟老师还会亲自下厨邀请学生尝尝钟式家常菜。野外采集的种子比较多时，车里空间紧张，钟扬经常把前排座位让给学生，自己却躺到装种子的袋子上休息，他戏称为去"卧铺"享受。实际上，曾偷偷体验过"卧铺"的学生才知道，睡在装种子的袋子上，随着汽车的颠簸，身体会硌得生疼。原来，钟老师总是把爱和舒适留给大家，把困难全往自己肩上扛。

对学生，钟教授极为大方，为了鼓励学生们申请国家级项目，他自掏腰包，无论申请成功与否，每个项目都补助 2000 元，用于支付学生在从事

[①] 《钟扬：追梦的脚步永不停歇》，人民网，2018 年 3 月 26 日，来源《光明日报》。网址：http://edu.people.com.cn/n1/2018/0326/c1053-29888933.html。

[②] 梁永安：《那朵盛开的藏菠萝花：钟扬小传》，复旦大学出版社 2018 年版，第 67 页。

科研工作中产生的费用；他甚至私人出资，发起了"西藏大学学生走出雪域看内地"活动，带领30名西藏大学贫困学生到复旦大学参观访问、开阔眼界。但对于自己，钟扬却极为严苛，他在拉萨花了29元钱买的牛仔裤，穿了很多年，甚至臀部破了洞，自己找了块布补了起来；几十元钱的帽子，在烈日的摧残下掉色了，学生们帮他扔了，他却捡回来一直戴着；办公室的椅子扶手磨破了皮，他也接着用；平常用过打印纸的边角空白，他都会剪下来当记事贴。

"不能因为一颗种子长得不好看，就说它没用了，是吧！"这是钟教授的名言。不拘一格降人才，钟扬善于发现人才，热衷于培养人才。来到西藏后，钟教授在复旦大学收的学生越来越少，收的藏族学生却越来越多。虽然培养一个藏族学生需要更长的时间，但在他看来，藏族学生熟悉地形，了解生物分布，如果受到良好的训练，完全可以做出成果。[①] 最重要的是他们一定会扎根西藏。我们所熟知的都是学生求老师，恳求老师说"我要读您的博士"。而这位大教授，却经常发现"目标"后就开始像猎人一样，追着学生做思想工作，缠着学生说："来读我的博士吧！"拥有火一般热情的老师，学生们看在眼里，爱在心上，也更加增添了好好学习的动力和激情。

钟扬的苦心没有白费。在藏大，他培养了一个又一个学术骨干：扎西次仁，复旦大学植物学博士毕业后回到西藏，现任西藏大学研究生导师、西藏种质资源库主任，西藏自治区高原生物研究所研究员；拉琼，同样在复旦博士毕业后，现为西藏大学理学院生态学专业博士生导师；德吉，西藏大学理学院副教授，主持多项国家科研项目，藏族新一代女科学家中的佼佼者。功夫不负有心人，钟扬在西藏培养起了一个研究梯队，向着更高的科研水平和学术目标迈进。

[①] 《钟扬：追梦的脚步永不停歇》，人民网，2018年3月26日，来源《光明日报》。网址：http://edu.people.com.cn/n1/2018/0326/c1053-29888933.html。

五、科普王国里"孩子王"

1."科学知识、科学精神和科学思维要从小培养,现在多一点兴趣,说不定今后就多出几个科学家。"①

常年候鸟式一样的生活,钟扬的生活被排得满满的。他的身份和角色是多重的。研究者、教授、援藏干部、研究生院长、高原科考者。但是在此之外,他还有一个身份,孩子的科普者,他自始至终都一直坚持做这项工作。钟扬,是许多孩子们眼中的明星教授,他不仅仅是上海科技馆学术委员会委员,也是上海很多中学的科学顾问,还是"上海新民科学咖啡馆"②这一传播平台的"金牌主讲人";在上海科普前沿阵地——上海科技馆和上海自然博物馆内,钟扬是常客。"为什么一个大教授要花这么多时间在孩子身上呢?"许多人不理解。对于这一角色的付出,钟扬却乐此不疲。因为他深知,科学影响国家的未来,孩子就是民族的希望。于是,他不计回报、二话不说,接下上海科技馆、自然博物馆建设中 500 块中英文图文展板的编写工作,每一块展板、每一个字句都反复斟酌、细致考究;忙碌之余、笔耕不辍,先后出版了 3 本科普著作和 6 本科普译著:《大流感:历史上最致命瘟疫的史诗》《基因女郎伽莫夫——发现双螺旋之后》、访谈录《DNA 博士》《林肯的 DNA》等,一本本科普著作散发着独属于钟扬的"诗人情怀"和科学家魅力;他发挥特长,坚持演讲,每年主讲约 30 场公益科普讲座,为科普公众号录制《植物家族历险记》等系列故事,幽默风趣的表达,密集新颖的科学观点,孩子们欲罢不能,讲座经常爆满。钟扬说,科学家的特质就是从中提取欢乐,然

---

① 梁永安:《那朵盛开的藏菠萝花:钟扬小传》,复旦大学出版社 2018 年版,第 63 页。
② 新民报社与上海市科学技术协会联合主办的公益科普项目。

后把科学和欢乐一起带给大家。在科普王国里,他找到了与孩子们对话、与科学对话时,一种返璞归真的快乐。

2. 时间是怎么挤出来的?

繁忙的科研工作、密集的两地奔波、穿插其中的科普讲座,还要有自己的娱乐和家庭生活,钟扬的时间是怎么挤出来的?在我们普通人经常感叹"时间都去哪儿了"的时候,钟扬有什么秘诀?他的秘诀就是拼命、高效。

每天,他的休息时间只有三小时。2015年他因脑出血住院的时候,陪护他的学生发现,他的手机竟然在凌晨三点响了,原来,这是他定下的每天提醒睡觉的闹钟。为了最大限度地节省两地奔波的时间,钟扬经常向学生们炫耀自己的独家秘诀,那就是他经常乘坐上海到成都最晚航班,大概两点多到达成都,接着在机场休息室眯上两到三个钟头,再乘坐成都飞往拉萨的最早一班飞机,早上七点左右起飞,九点半就可以到达西藏再接着工作。钟扬善于"断点续传"式地工作,飞机上、火车上,一切可以利用的"废"时间他都可以利用,灵感也常常在这个时候迸发,一旦落地后再"接上电"工作。他习惯性地会随身携带宽窄不一的小纸条,提醒每天要做的任务,并且严格要求自己,一一完成、不打折扣。

原本学生们总是诧异钟老师为什么会在半夜回复邮件,现在明白了、也习惯了,这就是钟老师的特殊节奏;原本同事们总是诧异谁的办公室会彻夜通明,现在明白了、也习惯了,这是钟院长在挑灯夜战。为了方便钟扬工作,也不影响物业师傅休息,同事们就在办公楼里装了个门禁,只给他一个人办了门禁卡,因为整个楼里面只有他才会经常这么晚离开。[①]

[①] 《播种未来的时代先锋》,同事楚永全于2017年12月22日钟扬同志先进事迹报告会上所做报告。

3."爸爸，你知道你现在在哪里吗？"

钟扬对工作和事业几乎倾注了全部热情和心血。对他而言，唯一感到愧对的也许是他的家人、妻子和一对双胞胎儿子。"现在有更重要的工作，我停不下来"，钟扬总是这么对家人说。家人们也早已习惯了他经常的缺席。妻子张晓艳了解钟扬，也甘愿付出、默默支持他的梦想。"15岁前，孩子交给你；15岁后，孩子交给我"。钟扬与妻子这样约定，可是孩子15岁这年，他却永远地走了。钟扬去世后，妻子张晓艳能找到的最近一张家庭合影，竟然拍摄在12年前。作为父亲，钟扬注重言传身教、以身作则，但在时间上总是亏欠孩子。日记《在失联的日子》里，钟扬，一个51岁的中年人、一个父亲，用极为细腻的笔触描写了与孩子相处的细节和不舍放下的矛盾心情。浓浓的父爱流淌，催人潸然泪下。父爱深切，他想得很远很远。云杉、云实，他以植物给孩子取名；还把小儿子送进上海的藏族学校，是学校里唯一的汉族学生，他希望孩子将来也能踏上西藏这片神奇的土地，续写雪域高原的传奇。

"爸爸，你终于可以休息了。""爸爸，你知道你现在在哪里吗？""父亲，我们还没有长大，你怎么敢走！"钟扬去世后，孩子们这样写道。钟扬虽然走了，但在家人和孩子们的心里，他永不远去……

六、结语

结束一场在内蒙古鄂托克前旗城川民族干部学院的讲座后，2017年9月25日清晨，钟扬赶往银川机场飞往上海。在上海，他的时间表里已经列满了待办事项。然而，一场车祸陡然发生，他不幸逝世，年仅53岁。

钟扬，一个将热血播撒在祖国西部大地上的学者，最终也倒在了西部，走完了他的辉煌人生路⋯⋯

9月28日，银川殡仪馆灯光通宵不灭，全国各地赶来的专家学者、同事、学生为钟扬守夜。由于花圈太多，殡仪馆内无法摆放，700多个花圈只能陈放在殡仪馆广场外。震撼、惋惜、痛楚⋯⋯人们深深地钦佩钟扬，被其敬业奉献的精神所打动。2018年3月，中宣部向全社会发布钟扬的先进事迹，追授他"时代楷模"称号。2018年6月，中共中央追授他"全国优秀共产党员"称号。

有人说：钟扬是这个时代稀缺的那种人！

有人说：钟扬用53岁的人生，做了一般人100岁都做不完的事。

是啊！对于普通人来说，时间是个常数，但对于勤奋追梦者来说，时间是个变数。钟扬的梦，就是对于科学孜孜不倦的追求、对于祖国援藏事业情真意切的热爱，对于保存人类生态"诺亚方舟"最淳朴的向往。因为有梦，他潜心科研、教书育人、扎根西藏，因为有梦，他日日夜夜付出、一步一步攀登、一次又一次探索，他的生命宽度和广度实现了极大拓展。钟扬，无愧为新时代优秀知识分子，他用生命诠释了什么是初心和使命，什么是责任和担当，什么是奉献和付出⋯⋯

诗人气质的植物学家钟扬，常常以植物生长的特点做比喻，阐述一个个哲学道理和自己的人生理念。在攀登到海拔6100米，找到鼠麴雪兔子的时候，他在散文中这样写道：

砂砾寒冷的坡地上，星星点点的小草迎风摇曳，细弱又坚强。没有它们的层层递进，鼠麴雪兔子也难以获得续命的基本生态。[①]

生命的高度绝不只是一种形式，当一个物种要拓展其疆域而必须迎接

---

① 梁永安：《那朵盛开的藏菠萝花：钟扬小传》，复旦大学出版社2018年版，第111页。

恶劣环境挑战的时候，总是需要一些先锋者牺牲个体的优势，以换取整个群体乃至物种新的生存空间和发展机遇。共产党员就是这样的先锋者。①

鼠麴雪兔子的生长模式让钟扬感叹，他也联想到，之所以它能够成为世界上分布海拔最高的植物，这些一群又一群不起眼小草功不可没，它们承担了先锋者的任务，扮演着奠基者的角色，一小株连着一小株，一代接着一代，顽强地向新的高地生长、创造生命奇迹……

钟扬也一定期待，就像这些不起眼的小草一样，无数新时代知识分子，无数钟扬式的善梦者，无数誓为祖国事业拼搏的奋斗者们，定会在其精神的感召下，砥砺奉献、步步攀登，向更高峰前行……

钟扬，一粒追梦的种子，回归了大地。但我们坚信，在探索科学、奉献祖国、造福人类的追梦路上，总会有人延续你的生命……

红树林——"献给未来上海的礼物"②

虽然长年在青藏高原工作，但钟扬还是心系上海，他说，要为上海干一件大事。作为一名植物学家，钟扬一直在思考，为什么上海的海滨"光秃秃"的。

尽管位于东海之滨，上海很少被人以"海滨城市"来描绘，"因为上海的海边没有美丽的沙滩，也没有茂密的红树林。"红树林是世界上最富

---

① 梁永安：《那朵盛开的藏菠萝花：钟扬小传》，复旦大学出版社2018年版，第187页。
② 《16年保存了4000万颗种子，打造了国家级"种子方舟"——忆钟扬》，搜狐网，网址http://www.sohu.com/a/207022544_199758，时间：2017年11月27日。

多样性、生产力最高的海洋生态系统之一，不仅为海洋动物提供良好的生长环境，还是各种海鸟觅食栖息、生产繁殖的场所。世界上凡有红树林这一湿地系统的地区，往往都是人类最宜居之地。

钟扬决定试一试，他开始着手申报红树林项目，不过，刚开始并没有得到有关部门支持，连不少业内专家也怀疑：上海的天气条件，红树林能种活吗？钟扬并不放弃这个执念。他在科研论文中查到，上海曾有过红树林，二十几万年前的化石就是证据。在中科院时，他还了解到原产于南美洲亚马孙河流域的凤眼莲引种到中国并广泛传播的过程。植物对环境有强适应性，钟扬相信，红树林能在上海落地生根。

从2005年开始，钟扬和团队就在临港的一块盐碱滩涂地上尝试种植红树。其间，红树林项目遭遇过无数否定和不可抗的天灾。刚刚经营第一年，就遭遇灭顶之灾。钟扬没有放弃。第二年，新种的红树全部活了下来。更惊喜的是，第一年他们以为冻死的红树，竟然又"复活"了。钟扬说，"这是一个很好的寓意，人和树都要坚持下去。"钟扬欣慰地发现，小红树为了生长，开始不断适应周围的环境，最后终于成功"入乡随俗"。钟扬朝着心中的目标又靠近了一步。钟扬说，红树林是"献给未来上海的礼物"，哪怕他们这一代人未必看得见，但可以造福后来人，这件事就值得去做。

"我的愿望是，50年甚至100年以后，上海的海滩也能长满繁盛的红树，人们提起上海的时候，会毫不吝啬地称其为'美丽的海滨城市'。虽然我不一定能看到这一幕，但上海的红树林将造福子子孙孙，成为巨大的宝藏——这是我们献给未来上海的礼物。"

"任何生命都有其结束的一天，但我毫不畏惧，因为我的学生会将科学探索之路延续，而我们采集的种子，也许会在几百年后的某一天，生根、发芽，到那时，不知会完成多少人的梦想。"

中国打造世界第二大"末日种子库"①

2015年9月,位于挪威北极地区"植物诺亚方舟"——斯瓦尔巴全球种子库——在建成7年多后首次提取种子备份,这一申请来自战火中的叙利亚。斯瓦尔巴全球种子库储存着来自全球各地数十万份植物种子的"备份",以防人类赖以生存的农作物因灾难而绝种。科学家对这座"植物诺亚方舟"将要应对的"灾难"的设定,包括自然灾害、疫病、战争,甚至"世界末日"。

那么中国有没有这样一座"末日种子库"呢?如今我们可以欣慰地回答:有!这就是中国的大科学工程——中国西南野生生物种质资源库(简称种质资源库)。据中国科学报报道,日前,"十八大以来中科院创新成果展"正在北京举行,种质资源库也在此展出,受到各界的广泛关注。

中国西南野生生物种质资源库位于昆明北郊黑龙潭的中国科学院昆明植物研究所里,这里保存着来自国内外的大量野生植物种子,三万多种植物以及丰富的动物种质资源在这里得以"多世同堂"。这里是中国第一座国家级野生生物种质资源库,也是目前亚洲最大、世界第二大的野生植物种质库。

倡议创立这座"种子保险库"的,是已故著名植物学家、中国科学院院士吴征镒先生。中国野生植物资源丰富。"一个物种影响一个国家的经济,一个基因关系到一个国家的兴盛。"种质资源也称为遗传资源,是指包含生物全部遗传信息、决定生物各种遗传性状和特征的资源。这些资源既存在于现有栽培植物和家养动物中,也存在于野生生物的物种中。

野生生物种质资源库是用于采集和保存珍稀、濒危、特有的物种,这

---

① 《中国打造世界第二大"末日种子库":中国西南野生生物种质资源库》,观察者网,网址:https://www.guancha.cn/GuanKeJi/2017_11_20_435646.shtml,时间:2017年11月20日。

座资源库从概念形成到竣工历时 8 年，于 2005 年开工建设，2009 年 11 月 24 日设施通过国家验收，标志着我国唯一的国家级野生生物种质资源库项目建设全面完成。根据"边建设、边运行"的原则，2007 年 4 月中国西南野生生物种质资源库主体工程竣工后开始投入试运行。中国西南野生生物种质资源库是目前世界上仅有的两个按国际保存标准建设的保藏设施之一，曾入选中国十大科技进展项目。这是一座中国生物资源的贮藏宝库。目前，该种质库是亚洲最大的野生生物种质资源"诺亚方舟"，成为了与英国千年种子库、挪威斯瓦尔巴全球种子库等齐名的全球植物多样性保护翘楚，在国际生物多样性保护行动中占据着举足轻重的地位。

附录 | APPENDIX

中共中央组织部　中共中央宣传部
关于在广大知识分子中深入开展
"弘扬爱国奋斗精神、建功立业新时代"活动的通知

各省、自治区、直辖市党委组织部、宣传部，中央和国家机关各部委、各人民团体组织人事部门、宣传部门，新疆生产建设兵团党委组织部、宣传部，各中管金融企业党委，部分国有重要骨干企业党组（党委），部分高等学校党委，中央军委政治工作部干部局、宣传局：

近年来，习近平总书记对弘扬爱国奋斗精神作出一系列重要指示，指出爱国主义是中华民族精神的核心，爱国主义精神激励着一代又一代中华儿女为祖国发展繁荣而不懈奋斗；幸福都是奋斗出来的，社会主义是干出来的，新时代是奋斗者的时代，要把爱国之情、报国之志融入祖国改革发展的伟大事业之中、融入人民创造历史的伟大奋斗之中。习近平总书记高度赞扬以钱学森、邓稼先、郭永怀等"两弹一星"元勋和西安交通大学"西迁人"为代表的老一辈知识分子"党让我们去哪里，我们背上行囊就去哪里""始终与党和国家的发展同向同行"的家国情怀和奉献精神，充分肯定以黄大年、李保国、南仁东、钟扬等为代表的新时代优秀知识分子"心有大我、至诚报国"的感人事迹和爱国情怀，强调面对新的征程、新的使命，需要在知识分子中弘扬这种传统、激发这种情怀。为贯彻落实习近平

总书记重要指示精神,推动全社会特别是广大知识分子树立牢固的家国情怀,中央组织部、中央宣传部决定,在广大知识分子中深入开展"弘扬爱国奋斗精神、建功立业新时代"活动。现就有关事项通知如下。

一、充分认识开展活动的重要意义

中华民族从站起来、富起来到强起来的伟大飞跃中,始终贯穿着伟大的爱国奋斗精神。把党的十九大描绘的美好蓝图变为现实,是一场新的长征,需要我们更好弘扬爱国奋斗精神,让奋斗成为新时代中国特色社会主义建设的主旋律。习近平总书记的一系列重要指示,深刻阐明了爱国奋斗精神对当代中国的重大意义,对在全社会弘扬爱国奋斗精神提出了明确要求。在广大知识分子中深入开展"弘扬爱国奋斗精神、建功立业新时代"活动,是贯彻落实习近平总书记重要指示精神、加强团结引领服务知识分子的重要举措,对于把各方面优秀知识分子集聚到党和人民的伟大奋斗中来,形成不懈奋斗、团结奋斗的生动局面,具有深远意义。

各地区各部门各单位要组织广大知识分子认真学习领会习近平总书记重要指示精神,引导广大知识分子在新时代自觉弘扬践行爱国奋斗精神,不忘初心、牢记使命,增强"四个意识",坚定"四个自信",把个人理想自觉融入国家发展伟业;胸怀祖国、艰苦奋斗、开拓创新、无私奉献,在祖国最需要的地方建功立业,不负人民期望;勇于担当民族复兴大任,不辱时代使命,做新时代的奋斗者,为实现"两个一百年"奋斗目标、实现中华民族伟大复兴的中国梦贡献智慧和力量。

二、密切联系实际,扎实开展活动

深入开展"弘扬爱国奋斗精神、建功立业新时代"活动,要以习近平新时代中国特色社会主义思想为指导,全面贯彻党的十九大和十九届二中、三中全会精神，深入学习贯彻习近平总书记关于人才工作、知识分子工作重要指示精神，坚持服从服务大局，紧密结合本地区本部门本单位实际，紧密结合"不忘初心、牢记使命"主题教育，注重政治引领、凝心聚力，突出学用结合、知行合一，不断赋予爱国奋斗精神新的时代内涵。

1.全面加强宣传解读。上下联动，全方位、立体化开展宣传解读，迅速兴起学习弘扬爱国奋斗精神的热潮。结合弘扬"两弹一星"精神、载人航天精神等，集中开展践行爱国奋斗精神模范人物先进事迹宣传。采取撰写理论文章、开发音视频资料、编辑出版图书、创作文艺作品等方式，对爱国奋斗精神和西安交通大学"西迁人"事迹进行挖掘整理、解读阐释和艺术呈现。开展"时代楷模""最美人物"学习宣传活动。中央和地方有关新闻媒体要设置专栏，及时宣传报道活动开展情况。基层单位要充分利用所属网站、微博、微信公众号、宣传栏等平台，开展丰富多彩的宣传活动。

2.组织深入学习研讨。要紧紧围绕习近平总书记关于爱国奋斗精神的重要指示，设计学习研讨主题，通过专题研讨、报告会、座谈交流等多种形式，在各级各类学校、科研院所和其他企事业单位知识分子中开展爱国奋斗精神学习讨论，切实增强对新时代爱国奋斗精神、党和国家奋斗目标的思想认同、情感认同、价值认同。要把爱国奋斗精神学习教育纳入党支部"三会一课"和主题党日活动，发挥党员知识分子的先锋模范作用。编印爱国奋斗精神学习读本，把爱国奋斗精神作为知识分子和青年学生思想政治教育、职业道德建设和科研道德培养的重要内容。

3.抓好专题研修培训。各地区各部门各单位要将爱国奋斗精神作为知识分子国情研修、业务培训的重要内容，列入研修培训大纲和课程板块。有条件的地方和单位要举办专题研修培训，重点组织中青年知识分子深入学习弘扬爱国奋斗精神。保护利用"三线建设""两弹一星"等重大工程项目遗迹，挖掘有关历史文化和革命传统教育资源，作为研修培训现场教学、体验式教学重要载体。

4. 发挥典型引导作用。各地区各部门各单位要积极开展践行爱国奋斗精神先进群体和个人选树工作，用身边事教育身边人。要统筹举办模范人物先进事迹巡回报告会，学习老一辈和新时代优秀知识分子的感人事迹和崇高精神。要以博物馆、校史馆和各级爱国主义教育基地为平台，展示模范人物先进事迹，讲好知识分子爱国奋斗故事。组织开展老科技工作者口述历史活动。

5. 开展岗位践行活动。各地区各部门各单位要把开展活动与激发知识分子创新创造活力、服务经济社会发展结合起来，最大限度地激发广大知识分子的奋斗激情，引导广大知识分子把自己的理想同祖国的前途、把自己的人生同民族的命运紧密联系在一起，扎根人民，奉献国家。基层单位要结合主责主业开展岗位创新、岗位建功、岗位奉献等创先争优活动，引导本单位知识分子从本职岗位做起，立足岗位自觉践行爱国奋斗精神。要广泛动员和组织广大知识分子深入边远贫困地区、边疆民族地区、革命老区和基层一线，开展社会调研、国情考察、咨询服务等主题实践活动，感悟老一辈知识分子爱国奋斗之路，增进对国情党情的认识和了解。

三、加强组织领导，确保活动实效

各地区各部门各单位要强化政治意识，把组织开展"弘扬爱国奋斗精神、建功立业新时代"活动作为一项重要政治任务抓紧抓细抓实。

1. 明确主体责任。各级党委（党组）要切实履行主体责任，加强统一领导，精心组织实施。各级党委组织部门要发挥牵头抓总作用，加强宏观指导、统筹协调和督促落实。各级党委宣传部门要加强宣传引导，为活动营造良好舆论氛围。各有关部门要根据职能职责，进行专题研究部署，做好在本领域知识分子中开展活动的组织发动和推进落实。要突出各类学校、科研院所及相关企事业单位等实施主体，突出中青年知识分子等活动主体。基层单位党组织具体负责本单位活动组织实施，要结合实际设计活动载体，组织动员和吸引知识分子积极参与活动。

2. 注重分类指导。要按照精准科学的要求，区分学校、科研院所、企业等不同类型单位，尊重不同层次知识分子群体特殊性，因类制宜、因人施教，提高活动针对性实效性。要把握节奏、注重长效，把活动融入日常、抓在经常，坚持久久为功，形成一批学习成果、实践成果。要创新活动方式方法，使学习教育既润物无声，又触及灵魂。要及时总结推广活动中创造的好经验、好做法。

3. 加强督促检查。要严格责任落实，加强对活动组织实施情况的督促检查，克服形式主义，防止空喊口号、做表面文章，确保活动深入基层、热在群众、取得实效。要把开展活动与关心关爱结合起来，完善落实各级党委（党组）联系服务专家制度，加强对知识分子的思想联系、感情交流和服务保障，以尊重关心服务凝心聚力，激励支持广大知识分子发挥作用、创新奉献。

请各地区各部门各单位按照本通知精神制定具体实施方案，活动开展情况同时报告中央组织部和中央宣传部。

中共中央组织部
中共中央宣传部
2018年6月29日
（新华社北京7月31日电）
（《人民日报》2018年8月1日第2版）

中组部中宣部印发通知
在广大知识分子中深入开展
"弘扬爱国奋斗精神、建功立业新时代"活动

本报北京 7 月 31 日电 日前,中央组织部、中央宣传部印发《关于在广大知识分子中深入开展"弘扬爱国奋斗精神、建功立业新时代"活动的通知》,对在广大知识分子中深入开展"弘扬爱国奋斗精神、建功立业新时代"活动作出部署。

《通知》指出,近年来,习近平总书记对弘扬爱国奋斗精神作出一系列重要指示,深刻阐明了爱国奋斗精神对当代中国的重大意义,对在全社会弘扬爱国奋斗精神提出了明确要求。在广大知识分子中深入开展"弘扬爱国奋斗精神、建功立业新时代"活动,是贯彻落实习近平总书记重要指示精神、加强团结引领服务知识分子的重要举措,对于把各方面优秀知识分子集聚到党和人民的伟大奋斗中来,形成不懈奋斗、团结奋斗的生动局面,具有深远意义。

《通知》强调,各地区各部门各单位要全面加强宣传解读,在广大知识分子中迅速兴起学习弘扬爱国奋斗精神的热潮。要组织深入学习研讨,切实增强对新时代爱国奋斗精神、党和国家奋斗目标的思想认同、情感认同、价值认同。要抓好专题研修培训,将爱国奋斗精神作为知识分子国情研修、业务培训的重要内容,列入研修培训大纲和课程模块。要发挥典型引导作用,积极开展践行爱国奋斗精神先进群体和个人选树工作,用身边事教育身边人。要开展岗位践行活动,把开展活动与激发知识分子创新创造活力、服务经济社会发展结合起来,最大限度地激发广大知识分子的奋斗激情,引导广大知识分子扎根人民、奉献国家。

《通知》要求,各地区各部门各单位要按照《通知》精神制定具体实

施方案,加强组织领导,明确主体责任,注重分类指导,加强督促检查,确保活动取得实效。

(《人民日报》2018年8月1日第2版)

在爱国奉献中书写精彩人生

——中组部、中宣部负责人就在广大知识分子中深入开展
"弘扬爱国奋斗精神、建功立业新时代"活动答记者问

本报记者　盛若蔚

日前，中央组织部、中央宣传部印发通知，对在广大知识分子中深入开展"弘扬爱国奋斗精神、建功立业新时代"活动作出部署。中央组织部、中央宣传部负责人就活动开展的背景、意义、内容、要求等问题，回答了记者的提问。

问：请介绍一下为什么要在广大知识分子中深入开展"弘扬爱国奋斗精神、建功立业新时代"活动？

答：在广大知识分子中深入开展"弘扬爱国奋斗精神、建功立业新时代"活动，是学习贯彻习近平总书记关于弘扬爱国奉献精神的一系列重要指示精神、加强团结引领服务知识分子的重要举措，对于建设一支矢志爱国奉献、勇于创新创造的优秀人才队伍，把各方面优秀知识分子集聚到党和人民的伟大奋斗中来，形成不懈奋斗、团结奋斗的生动局面，具有十分重要的意义。

开展这个活动是实现中华民族伟大复兴中国梦的必然要求。习近平总书记深刻指出，我们比历史上任何时期都更接近实现中华民族伟大复兴的宏伟目标，我们也比历史上任何时期都更加渴求人才。广大知识分子是社会的精英、国家的栋梁、人民的骄傲，在我们党领导革命、建设和改革的90多年历程中，知识分子为党和人民建立了彪炳史册的功勋。新时代开启新征程，新时代提供新舞台。把党的十九大描绘的美好蓝图变为现实，实现中华民族伟大复兴中国梦，需要推动全社会特别是广大知识分子树立牢固的家国情怀，弘扬爱国奉献精神，勇于创新创造，扎根人民，奉献国家。

广大知识分子只有把个人理想追求融入波澜壮阔的国家和民族事业中,知识才会发挥更大作用,才能最终成就一番事业。

开展这个活动也是加强团结引领服务知识分子的现实需要。知识分子工作是党的一项十分重要的工作。我们党历来重视对知识分子的团结引领,这是我们党的优良传统和政治优势。党的十八大以来,以习近平同志为核心的党中央高度重视知识分子工作,要求对知识分子政治上充分信任、思想上主动引导、工作上创造条件、生活上关心照顾。开展这个活动,就是要推动各级党委(党组)切实尊重知识、尊重人才,把开展活动作为落实党的人才政策、开展知识分子工作的一项重要内容,礼敬人才、厚待人才、激励人才、服务人才,把党中央和习近平总书记对广大知识分子的关怀、信任和期待落到实处。

问:活动开展有哪些目标要求?

答:一代人有一代人的奋斗,一个时代有一个时代的担当。开展"弘扬爱国奋斗精神、建功立业新时代"活动,主要目标是引导广大知识分子在新时代自觉弘扬践行爱国奋斗精神,不忘初心、牢记使命,增强"四个意识",坚定"四个自信",把个人理想自觉融入国家发展伟业;胸怀祖国、艰苦奋斗、开拓创新、无私奉献,在祖国最需要的地方建功立业,不负人民期望;勇于担当民族复兴大任,不辱时代使命,做新时代的奋斗者,为实现"两个一百年"奋斗目标、实现中华民族伟大复兴的中国梦贡献智慧和力量。

活动要以习近平新时代中国特色社会主义思想为指导,认真贯彻党的十九大和十九届二中、三中全会精神,深入学习贯彻习近平总书记关于人才工作、知识分子工作重要指示精神,联系实际,突出重点,强化引领,务求实效。一要从实际出发,紧密结合本地区本部门本单位实际和即将开展的"不忘初心、牢记使命"主题教育开展活动。二要突出重点对象,以各类学校、科研院所及相关企事业单位等为主要实施主体,以中青年知识分子为重点对象。三要强化政治引领，以政治引领增强知识分子对新时代爱国奋斗精神、党和国家奋斗目标的思想认同和政治认同。四要突出学用结合、知行合一，将学习与做好本职工作结合起来，做到"学"有成效，"行"有方向。

问：活动有哪些主要特点？

答：活动开展应紧密结合知识分子工作实际和知识分子群体特征，积极回应党和人民对知识分子的期盼，把活动打造成为团结引领广大知识分子的长效载体。概括起来，活动主要具有三个方面特点：一是活动定位突出常态长效。活动不分批次、不划阶段、不设环节，常态化推进。把开展活动作为新时代人才工作的重要内容进行谋划，注重融入日常、抓在经常、久久为功。二是尊重活动主体的特殊性。知识分子群体文化水平高，有思想、有主见、有责任，开展活动一定要充分尊重和考虑知识分子群体特点和知识分子工作规律。三是活动内容突出实践性。践行爱国奋斗精神，关键在立足本职作贡献。要坚持以学促行，以行促效，组织引导知识分子把爱国奋斗精神转化为实实在在的行动，使开展活动的过程切实成为促进实际工作、推进创新发展的过程。

问：活动主要有哪些内容？

答：为确保活动取得实效，在广泛征求高校、科研院所、企业等基层党组织和专家学者意见的基础上，对活动提出了五个方面的主要内容，力求务实管用。

第一，全面加强宣传解读，以思想自觉引领行动自觉。组织广播电视、报刊、门户网站等媒体立体化、全方位宣传活动，迅速兴起学习弘扬爱国奋斗精神的热潮。针对知识分子特点，创新宣传方式，采取开发音视频资料、编辑出版图书、创作文艺作品等多种形式，深刻诠释新时代爱国奋斗精神。

第二，组织深入学习研讨，让爱国奋斗精神入脑入心。各地区各部门各单位要认真组织学习研讨活动，科学设计研讨主题，采取专题研讨、报告会、座谈交流等多种形式，引导广大知识分子联系工作实际和思想实际展开研讨。注重潜移默化，融入日常学习教育、主题党日等活动之中，通过互相交流、互相启发、互相促进，切实增强对新时代爱国奋斗精神、党和国家奋斗目标的思想认同、情感认同、价值认同。

第三，抓好专题研修培训，巩固共同思想政治基础。各类国情研修、业务培训，是知识分子了解世情国情党情、提升素质的重要渠道。各地区各部门各单位要将爱国奋斗精神纳入各类研修培训，把它作为重要内容，精心设计课程，引导各类人才增强"四个自信"，巩固共同思想政治基础。有条件的地方和单位要举办专题研修培训，努力挖掘历史文化和革命传统教育资源，丰富教育内容和载体，提高学习教育的吸引力、实效性。

第四，发挥典型引导作用，让爱国奋斗成为时代风尚。榜样是"看得见的哲理"。树立榜样，用身边事教育身边人，能够起到春风化雨、润物无声的效果。从钱学森、邓稼先、郭永怀等老一辈先进知识分子，到黄大年、李保国、南仁东、钟扬等新时代优秀知识分子，他们的感人事迹无不闪耀着爱国奋斗的光芒。要通过组织巡回报告会、老科学家口述历史、博物馆展示事迹等形式，充分讲好这些优秀知识分子的爱国奋斗故事。同时，还要积极发现、发掘身边人的先进事迹，把爱国奋斗精神人格化、形象化、具体化，引导广大知识分子对照身边的榜样找方向、找差距，让爱国奋斗蔚为风尚。

第五，开展岗位践行活动，让活动成果转化为经济社会发展实际成效。践行爱国奋斗精神，落脚点在立足本职作贡献。对此，可以从两个方面入手：一方面将活动融入工作实践。基层单位结合主责主业开展岗位创新、岗位建功、岗位奉献等活动，引导本单位知识分子立足岗位践行爱国奋斗精神，让活动成果真正体现到推动经济社会发展实际成效上来。另一方面为知识分子奋发作为、报效国家搭建载体。完善政策，鼓励和引导广大知识分子向艰苦边远地区和基层一线流动，支持他们到边远贫困地区、边疆民族地区、革命老区等开展社会调研、国情考察、咨询服务等主题实践活动。

问：强调分类指导有什么考虑？

答：知识分子行业分布广泛，他们的成长环境、专业背景、性格禀赋不同，情况千差万别，开展活动需要充分尊重知识分子群体的特殊性和个体的差异性，春风化雨、润物无声，活动具体形式不能搞"一刀切"，不能搞"大水漫灌"。

强调分类指导，就要充分遵循知识分子工作特点和规律，针对不同领域、不同类型的对象，分类制定具体方案，提升活动的针对性和有效性。无论是学习内容、学习方式，还是任务要求、工作措施，都要贴近实际和需求，确保知识分子学起来、做起来，都学有所获。同时，要善于充分调动知识分子学习的积极性、主动性，避免单向发力、简单灌输等做法。活动不作硬性规定、不列硬性指标。

问：最后，请谈谈如何确保活动扎实开展？

答：在广大知识分子中深入开展"弘扬爱国奋斗精神、建功立业新时代"活动意义重大，各地区各部门各单位思想上要高度重视，责任上要强化落实，工作上要扎实推进。一是加强组织领导。各级党委（党组）负责本地区本部门本单位"弘扬爱国奋斗精神、建功立业新时代"活动的组织开展，要结合实际制定实施方案，做好活动启动实施，加强调研指导，及时交流工作经验，确保活动有计划有步骤向前推进。《通知》明确了各有关部门在活动中的职责，各部门要按照隶属关系，抓好对所属单位的重点指导和督促落实。各有关行业主管部门要加强对本行业本系统的具体指导。要注意把行业系统指导作用与地方党委领导作用结合起来，把"条条"力量与"块块"力量整合起来，形成推进活动的整体合力。各类学校、科研院所及知识分子集中的企事业单位是活动的主要阵地，要细化活动实施方案并抓好落实。二是要充分发挥基层党组织主体作用。基层党组织同广大知识分子直接接触和联系，肩负着本单位活动的具体组织实施工作。各单位要把《通知》精神传达到每一个基层党组织，调动基层党组织的积极性、主动性和创造性，通过设计有针对性、特色鲜明的活动载体，动员和吸引广大知识分子积极参与到活动中来。三是营造良好社会氛围。要研究制定活动宣传方案，对舆论宣传引导工作进行总体谋划和具体安排。要持续开展全方位、立体化的舆论宣传引导，做到集中宣传与日常宣传有机结合，在全社会迅速兴起弘扬爱国奋斗精神的热潮。要组建优秀知识分子先进事迹巡回报告团，到知识分子比较集中的单位进行巡回宣讲报告，营造学习典型、宣传典型的良好氛围。四是要与"不忘初心、牢记使命"主题教育紧密结合。要将活动与即将开展的主题教育结合起来推动实施，把弘扬爱国奋斗精神作为主题教育的重要内容，充分利用主题教育的载体和平台，丰富拓展活动形式，提升活动效果。五是要将活动成果转化为生动实践。要把开展活动与本地区本部门本单位中心工作结合起来，做到两手抓、两不误、两促进，杜绝形式主义，通过活动开展促进中心工作，用各项工作的实际成果来衡量和检验活动成效。

(《人民日报》2018年8月2日第4版)

后记 | POSTSCRIPT

　　本书是中共中央党校图书馆一群志同道合的年轻知识分子通力合作的产物。有感于中共中央组织部、中共中央宣传部《关于在广大知识分子中深入开展"弘扬爱国奋斗精神、建功立业新时代"活动的通知》精神，这群年轻的知识分子在群情激昂、热情高涨之际，也意识到自己肩上的责任。在自建的"学习小组"微信群里，他们先是转发了《关于在广大知识分子中深入开展"弘扬爱国奋斗精神、建功立业新时代"活动的通知》，之后又转发了《在爱国奉献中书写精彩人生——中组部、中宣部负责人就在广大知识分子中深入开展"弘扬爱国奋斗精神、建功立业新时代"活动答记者问》，最后大家集体商议，要写一本书，结合《通知》精神和即将开展的主题教育活动，给《通知》中提到的优秀知识分子和优秀知识分子群体写个传记，供在主题教育活动中参考使用。

　　本书由张学森负责策划、组织编写，并负责全书的编稿工作。参加本书编写的人员如下：张学森（前言、后记）；闫翠翠（第一部分）；赵慧、赵婧文（第二部分、第五部分）；丁丽娜、李丹（第三部分）；杨耀田（第四部分）；栗璐燕、靳萌萌（第六部分）；郑光辉、徐桂花（第七部分）；夏媛（第八部分）。另外，陈型颖具体负责第一到四章的统稿、校稿工作；杜敏具体负责第五到八章的统稿、校稿工作。

　　因水平有限加之时间仓促，疏漏和不妥之处，诚望各位同仁和读者指正。

　　最后，要感谢人民日报出版社各位编辑的辛勤工作，积极努力使本书得以尽快出版。